Meta
元智慧
Wisdom

吳軍 著

序言

系統性提升人生實力，必讀好書！

為什麼有些人有一流的技術和實力，但在生活當中困難重重，無法前進。其中的關鍵就在於缺乏對軟實力的培養。

不會表達，就不能影響他人協助你達成目標；沒有洞察力，就不能做出對職業選擇；沒有行動力，就算是金子也不能發光；缺乏品格，也將不能取得長期的成功。

閱讀這本書，將協助你系統化的提升人生軟實力。

——好葉・YouTuber、作家

英國哲學家培根說出那句傳誦數百年的名言：「知識就是力量」時，劍橋大學皇后學院圖書館裡的藏書只有一百九十九冊。在知識取得很困難的時代，擁有別人沒有的知識，的確是能帶來優勢的力量。

但是活在知識唾手可得的時代，如何不淹沒在訊息大海裡反而是新的挑戰。現代人要能夠將知識轉化為智慧，並且學會將智慧運用到真實世界的能力，這兩本「元智慧」與「軟能力」能引領我們走出訊息迷宮，優遊在這豐富多元的世界。

——李偉文．暢銷作家

年過半百的我，最欣賞才德兼備的人。有才華，是一種能力；有德行，是一種智慧。這兩本好書，是修練個人能力與人生智慧的指南，非常值得一讀。

——吳家德．NU PASTA 總經理、職場作家從知識到見識是「能力」的提升，從觀察到洞察是「智慧」的蛻變，能力和智慧，讓我們擁有平衡幸福的人生。

——郝旭烈・暢銷書作家、企業知名財務顧問、講師

未來 AI 被廣泛運用到職場之後，元智慧和軟能力將成為每一個人勝出的關鍵。愈早優化它們，愈有生涯競爭優勢！

——愛瑞克・《內在原力》系列作者、TMBA 共同創辦人

（以上推薦人依姓氏筆畫排序）

前言

用智慧駕馭知識

一五九七年，英國著名政治家和哲學家培根，在其著作《沉思錄》（Meditationes Sacrae）中，喊出了「知識就是力量」（註A）這個振聾發聵的口號。大家相信，透過讀書、求學和掌握知識，可以取得更大的成就，同時能讓自己過上更好的生活。在社會層面，如

註

A 這句話原本是用拉丁語寫的，原文是 psa scientia potestas est，意思是「知識本身就是力量」。一六六八年，曾經擔任過培根祕書的思想家湯瑪斯．霍布斯（Thomas Hobbes），在《利維坦》（Leviathan）一書中，將它表述成英語的 Knowledge is power，即今天我們常見的「知識就是力量」的說法。

今也比過去任何時代都有更好的學習環境和培養人才的氛圍。然而，很多人上了多年學校，學了一肚子知識，卻依舊過不好這一生，這是為什麼呢？

答案其實很簡單，想要過好這一生，只有知識和文化是不夠的，還要有智慧。在過去的社會，能夠靠知識和手藝養活自己。但在自由發展的社會，想要實現自己的價值，對社會產生影響，甚至在歷史上留下一筆，光靠知識和技藝顯然是不夠的，還得靠智慧。

雖然知識和智慧有一定的相關性，但是有知識的人不一定有智慧。現代人都比古代學者更有知識，但卻未必比他們更有智慧。有的人或許學富五車，但他可能是在不斷重複別人的思想，自己卻不善於思考，甚至懶得思考，沒有判斷力。如此，擁有的知識再多，也可能在生活中做出許多誤判，而耽誤自己的人生。

相反地，像蘇格拉底那樣的人，逢人便說「我只知道自己一無所知」，倒是最富有智慧，因為他知道自己認知的局限性，才會不斷探究人性的本質，和未知世界的奧祕。

很多人會花四十萬美元，買一股波克夏．海瑟威（Berkshire Hathaway）公司的股票，以便有機會聆聽巴菲特的教誨。要論擁有的投資知識，世界上超過巴菲特的人非常多，而且還會越來越多；但要論對待財富的智慧，就很少有人能和巴菲特相比。在過去，經常有人質疑，說巴菲特的知識結構過時了，但幾年後事實證明，巴菲特依然是對的，而嘲笑他的人，早已不知躲到哪裡去了。這便是知識和智慧的差別。

我有一位朋友，他是中國最有金融知識的人之一。聆聽完巴菲特的教誨後，他說有醍醐灌頂的感覺。後來，他又找到一位在他看來「中國最有智慧的人」，那位智者幫他分析世界大勢，引導他投資全球兩個發展最快的市場。五、六年後，他在那兩個市場成為全世界最重要的投資人，獲得了巨大的投資回報。這位朋友說，如今的世界，不再缺乏有知識的人，但有智慧的人依然是鳳毛麟角，求之不得。

我經常會把知識比作「術」，把智慧比作「道」，而「道」可以駕馭「術」。沒有智慧的知識，有時是一種負擔，知識越多，負擔越沉重，容易把人困在其中。有句老話說，「淹死會水的，打死會拳的」，說的就是人陷入對自己知識和技能的盲目自信，以至於做出蠢事。因此，只有透過「道」來駕馭「術」，才能做出有益的事。

比如，一個人學會開車，這是掌握技能，是掌握「術」層面的知識；而懂得開車要遵守交通規則，要謹慎，則是理解「道」。如果沒有開車之道，技術越好可能越危險。遺憾的是，很多人只重視「術」層面的知識，卻忽視「道」的智慧，結果過得很辛苦。

這其中的道理也不難理解。世界上的知識多到學不完。再博學的人在無限的知識面前，也會黯然失色，也正因如此，莊子才會有「吾生也有涯，而知也無涯」的感嘆。這些人在面對未知世界時，依然感到不知所措。智慧則不同，因為智慧是富有創造性的，它不被有限所困，面對無限世界反而顯得生機勃勃，能夠創造出更多知識。有了智慧，只要有條件，再獲得知識反而會成為一件相對容易的事情。

世界上的智慧非常多元，任何人都需要了解和掌握的是最基本的智慧，也就是「元智慧」。元智慧並不深奧，很容易掌握，但卻對每個人的人生非常重要。掌握了這些智慧，不僅現有的知識不會成為負擔，任何未知世界也都會成為我們發展的舞台。而在本書中，我會重點論述要過好一生、實現職業理想和人生價值所需的各種基本智慧。

掌握知識的方法和獲得智慧的方法不同。知識可以透過學習去獲取，智慧則要靠悟來獲得。這個「悟」是指自己去覺悟、去領悟。一個道理，只有自己真正領悟了，使用起來才能融會貫通。因此，獲取知識的過程是學習，這是大家所熟悉的；獲得智慧的過程則是一種修行，這是很多人之前沒有體驗過的。

說到修行，很多人會想到高僧隱士。但實際上，對生活智慧的修行，是不可能在學者的書齋或者隱士的草廬中完成的，而要到大千世界去感知，去觸碰世間萬物，去體會人情冷暖。

我希望在讀完本書後，廣大讀者朋友能將所學的知識上升為智慧，所擁有的知識才能顯示出它們的價值。願你們能在智慧的引導下付諸行動，以此實現自己的人生價值。

吳軍

目錄
CONTENTS

Chapter 01

以成年人的姿態面對社會

剛從校園進入社會，想要快速適應，是沒有捷徑的，但有方法可以讓你少走彎路。

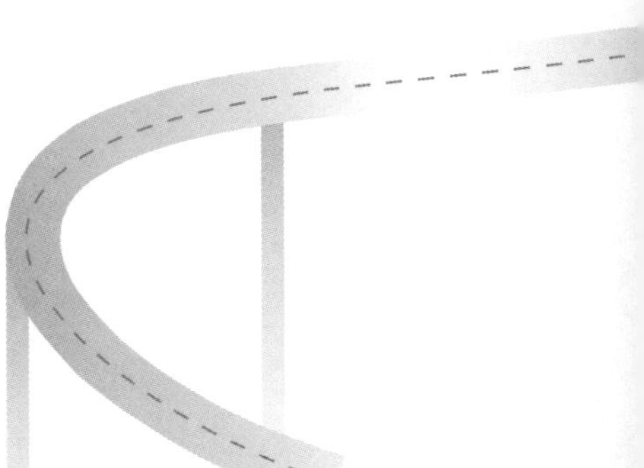

Chapter 02

把自己當成世界的主人

沒有一種努力是不伴隨著失敗的，
而把自己當成世界的主人，
你就會擁有主動的人生。

Chapter 03 系統性地自我提升

世界上總有人比你天賦高，還比你努力，所以你要做的，是掌握系統性進步的方法，朝著正確的方向不斷精進。

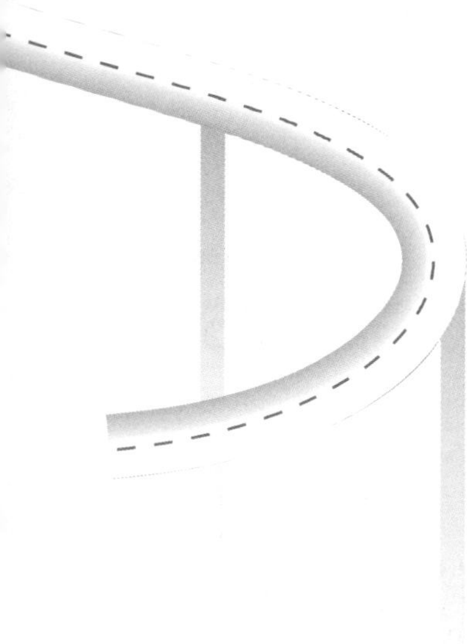

Chapter

04

破局而出

遇到問題不可怕，可怕的是不能正視問題的存在，甚至陷入悲觀，放棄嘗試。

只要用對方法，你就能克服困難，破局而出。

Chapter

05

相信個人的力量

大時代已經過去，個人沒有機會了嗎？
不，只要把自己的潛能發揮到極致，
你就能做出改變世界的壯舉。

Chapter
06
保全自我是一切的基礎

保全自我是1，其他所有事都是1後面的0；沒有前面的1，0再多也無濟於事。

To Face Society as An Adult

以成年人的姿態面對社會

人在成年後，特別是在走出校門後，應該在心理上「斷奶」，以成年人的思維和擔當與世界共處。這是一個過程，而完成這個過程需要自己去思考、去懷疑、去體驗、去改進。

01

01 ／ 自由的代價

每年一到六月，很多大學畢業生就要開始找工作了——這是人生中幾個重要的轉捩點之一。其他幾個轉捩點，則是在此之前的進入大學，在此之後的結婚、生育以及步入老年。有些人比周遭的人活得好一點，無非就是在這幾個轉捩點上取得更順利的進展。

對於正邁出校門、進入社會的年輕朋友，我想說：恭喜你們，你們不再是孩子，不再是學生，離開了那個默認你們需要被照顧、被管教的環境，進入更廣闊的世界，成為一個獨立生活的人，你們自由了。

或許在畢業之前，你已經盼望這一天的來臨許久。三十多年前，我也有同樣的想法。後來我又接觸到無數的大學生，在即將離開學校時，也都在憧憬未來自由的日子，可以說，走出校門的這一天，是大家的自由日和獨立日。

首先，是在時間上自由。因為不需要再做作業和考試，時間不會再被綁在書本上，下班後和周末的空閒都可以任意支配。很多人的上班時間還有相對的彈性，每天只要工作一定時數即可，並不需要在固定時段打卡簽到。這和在學校要注意鐘聲進教室完全不同。

其次，可以靠薪水吃飯買東西，不必再依賴父母。經濟上的獨立必然帶來自由。

再來，生活方式也自由了。離開校園以後，大家不用再受學校的制式管理，無須理會舍監阿姨的嘮叨碎念。此外，生活空間的擴大也讓眾人可以任性揮灑。高功率電器想怎麼用就怎麼用，不用擔心跳電；流行音樂想放什麼就放什麼，不用顧慮同宿舍的室友持反對意見；想多晚回家就能多晚回家，還可以和戀人一起生活。

最後，是工作和生活自由。念書時，大部分人都沒有換學校、換科系的自由，甚至學什麼內容、做什麼研究也要接受老師的指導。而走出學校後，如果真的不喜歡自己的工作，可以跳槽的；不喜歡老闆，也可以直接「炒」了他。

你看，畢業多好。每個在校生恐怕都在盼望這一天，當年我也是如此。但很快大家就會發現，自由是有代價的。用美國人的俗話來說，就是 freedom is not free，意思是自由不是免費得來的。

對年輕人而言，畢業典禮之後的興奮，其實是很短暫的，當初對自由的憧憬，很快就會消失得無影無蹤，接踵而來的不安和失落，卻會持續很久。接下來，一個又一個看似普通卻非常實際的問題，可能會讓大家覺得頭痛不已。因此，我們需要了解自由的代價，只有這樣才能獲得真正的自由。

先快速安頓下來

走出校門後面臨的第一個問題，就是需要快速安頓下來。

如果連住的地方都沒有，是無法安心工作的。這裡有主觀的原因，也有客觀的因素。主觀原因主要是指年輕人自身的能力，像如何妥善安頓自己、如何和房東打交道、如何處理鄰居之間的矛盾等基本的生活經驗，這些在學校裡是學不到的，只能靠自己迅速適應。至於客觀因素，大家會發現一個悖論——有住房的地方沒工作，有工作的地方沒房住。

薪水較高的工作機會通常集中在城市，但是在城市裡租房，肯定不是一件容易的事，經濟上的壓力首當其衝。我從網路上找到了一些資料，發現二〇二〇年大學應屆畢業生第一份工作的平均月薪僅五千多元人民幣（註1-1）。當然，這是全國的平均數，大城市的薪資應該會高出不少。

根據二〇二一年七月，北京市人力社保局發布的《二〇二一年北京市人力資源市場薪酬調查報告（二季度）》，北京市二〇二一年大學應屆畢業生的薪資水準為人民幣四千至一萬一千元（台幣約二萬至五萬元），上限也不過是一．一萬元。名校畢業，提升的幅度也有限。對二〇一九年大學應屆畢業生平均月薪的追蹤顯示，即使是清華的應屆畢業生，平均月薪也不過人民幣一．七萬元，而在北京排到第三名的中國人民大學，應屆畢業生的平均月薪就只有將近人民幣一萬元了。（註1-2）

註

1-1 人民幣與台幣的匯率約為一：五，約台幣二萬五千元。

1-2 智聯招聘：《二〇二〇年秋季大學生就業報告》。

以北京的租房資訊來看，如果想在四環和五環之間實現整租自由（一個人住一間房子），月薪至少要達到人民幣兩萬元以上（台幣約十萬元），這還不是最好地段的行情。上海、深圳的房租也不便宜。即便是在杭州，要想自己整租房子，月薪也要在一．五萬元（台幣七．五萬）以上。也就是說，應屆畢業生想要只靠自己的能力單獨租下一間房子，幾乎不可能。對大多數人來說，找個室友是唯一的選擇。

凡事都是有成本的，合租雖然能降低租金成本，但多一個室友也可能會帶來新的不便。在大學宿舍裡，不管室友多難相處，至少也是同學，大家生活節奏都差不多。更何況，如果室友做得太過分，上面還有人能管他。但合租者通常是陌生人，彼此之間產生矛盾的機率不低，種類也很多樣。更糟糕的是，矛盾只能自己解決，不會有人來居中調停。如果遇到這種情況，你是否會懷念過去有舍監的時光呢？

另外，除非你住的是高級公寓，否則房子一旦出了狀況也很麻煩——很多時候需要自己想辦法，有時還可能要看房東臉色。最後在要回押金時，也免不了要和房東有一番爭論。如果你退租後還能和房東做朋友，那說明你的情商相當不錯。

為什麼要從找房子安頓下來說起呢？因為這是大學生邁入社會的基礎。畢業生如果無法很好地安頓下來，那麼長期的工作效率是會出問題。我接觸過不少的年輕人，總認為有個能睡覺的地方就行，這種想法有點天真。如果做的是一份僅需數周或者數月的工作，那在生活中遇到困難，咬咬牙挺過去或許還可以；但若是要年復一年地工作下去，這可就不妙了。

設想一下，當你上班很累，回到家後還是很累，完全得不到放鬆，時間一久，生理和心理都會出問題。所謂安頓，不僅是找到可以睡覺的地方，更要讓自己融入當地的生活，認同周圍的環境。一個人在某個地方賺了筆錢就離開，和為了真正生活在那裡而工作是兩回事。

另一方面，能夠憑自己的能力在新的環境中安頓下來，說明這個人已經邁出從「校園」到「社會」的第一步，象徵他可以獨立於家長、老師和同學生活，可以自己照顧好自己，可以應對未來生活中的各種問題。

舉個例子，在大學時和同學有任何矛盾，都有老師和輔導中心可以協助解決；但走出校門，無論是和室友或者房東相處，都得靠自己。這可以被看作個人成長必須經歷的過程，因為這是大多數人首次以成年人的身分，在生活上與陌生人建立起穩定的關係。

切斷與過去生活的「臍帶」

如何才能快速安頓下來呢？最關鍵的是切斷與過去生活之間的「臍帶」。

人在學校裡，其實同時接受學校和家庭的關照。這種關照既是照顧，也是管理。年輕人通常並不喜歡這種管理，無論是來自老師、輔導人員、舍監還是家長，但同時又心安理得地接受他們的安排和照顧。

學校方面的照顧通常是生活和學業上的，家庭方面的照顧則主要是經濟上的。很多年輕人只希望被照顧，不願意被管理。這其實不正確，就如同我們不可能找出一張只有正面沒有反面的紙一樣。離開學校，沒有系統性管理，讓大家感到自由，但同時照顧也不可能存在了。這一點走出校門的人必須明白，也要懂得適應。

有人會希望公司像學校一樣關照自己，盼著父母依然提供經濟支援，這就如同離開母體的嬰兒，還渴望透過臍帶獲得營養一樣不切實際。

我們經常會聽到「媽寶」一詞，其中原因是，某些年輕人從來沒有和過去靠父母照顧的生活有過切割，亦即切斷與過去生活的「臍帶」。不僅找工作、找房子要靠父母幫忙，甚至在工作後，還要依賴父母補貼。切不斷「臍帶」，即便父母能活一百歲，照顧他們一輩子，他們也不是獨立的人。

我認識一位名校的大學畢業生。她在學校裡學什麼完全聽老師的，從來不考慮學的東西有沒有用，畢業後找工作也不認真，最後是父母託關係把她安排一家公司坐辦公桌。

既然是託關係而進公司，收入自然不多。領到薪資後，她去超市買了些生活必需品，一下子把薪水花掉了十分之一，頓時心裡就不踏實。這之後，她每到周末就去父母家吃飯，順便拿點錢走。然而，世界上是不會有免費午餐的。她依賴父母過活，父母就難免會干涉她的生活，這讓她很不舒服。

有些在美國留學的年輕人跟我說，父母希望他們畢業後回國，留在父母身邊；或者父母希望他們畢業後回老家。這些父母的理由都差不多，就是那樣將來生活比較省心，而年輕人之所以動心，就是因為捨不得切斷與過去生活的「臍帶」。

對於這些年輕人，我通常會這樣回答：「你要想清楚將來幾十年，會過什麼樣的生活。如果你想過自己的生活，就必須切斷與過去生活的臍帶；如果你想一輩子過父母安排的生活，就聽他們的。」

有見識的父母，通常會讓孩子過自己的生活。我有兩位非常富有的企業家朋友，他們不讓孩子到自己的公司上班，而是請他們自己找工作，獨立生活。不了解這兩個年輕人底細的人，肯定不會知道他們的家境有多好。後來，這兩個年輕人都事業有成。最重要的是，他們做的是自己想做的事情，過的是自己想過的人生。

切斷與過去生活的「臍帶」，那一瞬間無疑是痛苦的，但誰又不是這樣過來的呢？每年夏天，「第一次租房能有多難」這類問題，就會衝上網路的熱搜，一千個人有一千種不同的經歷，而裡面又有一千零一個坑。這類熱搜下通常都是各種吐槽的評論，從高租金到黑仲介，再到奇葩室友。即便你已經十二萬分小心了，還是可能會租到有問題的房子。

我自己在美國，從求學、實習到換工作，也經歷過好幾次需要安頓的陣痛。我的室友有中國人，也有美國人、印度人、歐洲人、泰國人和越南人。除了要處理大家都會遇到的，因為共用空間而產生的矛盾，還要應付文化上可能激發的衝突。但是，當我真正下定決心，和各種人在同一個屋簷下和諧相處之後，應對公司裡同事之間的摩擦就輕鬆多了。

如果你已經走出了校門，就不要再回頭看。

迎接隨時隨地的「考試」

沒有考試的日子的確很自由。我一生三次走進校門，所以也畢業三次，每次離開學校時，真的都有超級輕鬆的感覺。但是，這種輕鬆是有代價的，因為從學校到工作單位之後，更多的「考試」接踵而至。只要稍一放鬆，付出的代價就是職業發展降速。

例如，每當第二天要向老闆做工作匯報，前一天晚上通常是無法正常下班的；年中和年底的考核壓力，一點也不亞於過去的期末考試。更讓你措手不及的是，工作中會出現太多沒有事先通知、無法準備的隨堂考。如果將學校考試的目標設定為九十分，結果考了七十分，頂多是成績單難看點；但在公司裡，倘若老闆期望你做到九十分，你卻只做八十五分，他可能會把你批評得抬不起頭來。

更糟糕的是，過去的考試好歹有標準答案，即便老師再不喜歡你，也不能把你答對的題目說成錯的；但在職場，不僅不能保證主管是公平的、看法是正確的，也不能確定同事都不會挖坑。很多時候，你拿到不滿意的年終考評，獎金少了很多，禍根可能就是在過去某一天不小心埋下的。

在大學裡，我對「兢兢業業」這四個字其實並不了解；進入職場後，才真正體會到它和工作隨意之間的差別。工作隨意通常不至於讓人交不了差，因為八十分到九十五分的水準，一般都能通過，沒有人會給你的工作成果打具體的分數。但時間一長，滿足於八十分水準的人，職業生涯就被耽誤了。工作時通常不會有人監督，但如果你有心進步，就一定要時刻告訴自己必須兢兢業業。

和在學校不同的是，生活和工作中的考試未必公平。比如，你明明比同一天入職的同事工作表現更好，他卻獲得這次晉升的機會。遇到這種事，很多年輕人會抱怨不公平。其實，現實中根本就沒有完全公平的事情，明白這個道理，就無須抱怨了。

在學校時，已經習慣一年兩次或四次可以複習學業、盡可能公平的紙本考試。進入社會後，遇到各種隨時隨地的、未必公平的考試，一開始或多或少都會有些不適應。但是，應付這種考試是生活的一部分。即便結果完全不公平，也要全力以赴，因為我們是在為自己考試。理解了這點，就完成了一項重要的成長。

下班後的生活，決定未來的職業發展速度

最後要提醒的是，走出校門之後，時間管理就變得非常重要。在求學時期，大部分的時間其實都被學校安排好了——平時要上課、鍛鍊、自習，例假日有時間就做點自己喜歡的事情。不同人之間的差異，每天不會超過一個小時。你沒法晚起，早睡也不太的可能。因此，在校的學生不太需要為自己的時間管理操心。

但走出校門之後，因為通勤的需要，你可能要比學生時代更早起。而且公司不一定有午休時間，這可能會讓你覺得很不習慣。有的企業比較人性化，會允許員工帶一張折疊床，

午後休息一小時，但大部分職場沒有這個條件。我在大學畢業後，花了一年的時間，才習慣沒有午休的生活，喝茶、喝咖啡的習慣，也是在那時養成的。對於剛進職場的人來說，如果沒有午休，下班後還要再坐一個多小時的大眾運輸通勤，那回到家一定已經累得半死。但這時，選擇躺平還是再做點什麼有意義的事情，一年後就能看出差別。

下班後做什麼，幾乎決定一個人的職涯發展速度。

很多人結束一天的工作後會去聚餐小酌，或者和幾個朋友一起打遊戲，畢竟，難得有可以喘息的時間。不過，如果你能好好利用每天晚上的時間，人生將會變得完全不同。

以我為例，每天下班後和大家一樣累，但是我仍然會看書、學習四個小時，從未間斷。後來碩士畢業留校，不再需要通勤，還是持續看資料、寫論文。那時，我在國內發表的所有論文都是晚上寫的。後來到了谷歌，雖然一開始總是工作到深夜，但只要周末有時間，我依然會學新的東西。妥善安排工作之餘的閒暇，不僅是為了充分利用時間，更是為了養成良好的生活習慣。

離開學校走向社會，是獲得自由的開始。你總是要往前看、往前走的想要完成從校園到社會的過渡期，第一步就是要切斷和過去生活的「臍帶」。不僅從學校到社會如此，每開始一段新生活，都要和過去告別。

成長不是某種抽象的概念，而是透過處理一件件具體事情實現的。當你身處某件複雜事情當中，覺得它給自己帶來了無盡的麻煩；但若是完成了那件事，也同時成長一大步。

順利走完從學校到工作的過渡期，是你從被照顧的孩子變成社會人士的第一步。

02／從學生思維轉變到成人思維

一個年輕人走出校門，安頓下來，才算完成進入社會的第一步。緊接著，就要面對各種挑戰。我問過很多年輕人新到職場後的感受，他們通常很快就會由緊張而興奮變成茫然而疲憊。他們說，雖然已逐漸適應工作的節奏，但是依然活得很累。很多人不得不過朝九晚九，一周工作六天的生活，只為了存錢買房、養家糊口，他們既沒有豐富多彩的生活，也沒有自己想像中的事業發展，且常會問我：「有沒有什麼捷徑，能讓自己提升得快一點呢？」

捷徑是沒有的，但少走冤枉路是能夠做到的。根據自己的經驗和對別人的觀察，我總結出八個要點。做到這八點，就能少走彎路，直奔目標。本節先來說三個有關思維方式轉變的要點，其他五個則在下一節具體介紹。

一、不是學某個人，而是做對的事

在學生時期，通常都是照著學、跟著做，目標很明確：在課堂上，老師講的內容就是自己要學的。即便到了實驗室做研究，有了一些主動性，基本上也是跟著指導教授或者學長學姐的腳步，不會有心思和機會考慮自己該如何選擇目標。

進入社會後，被學校、老師安排的目標突然消失了。因為缺乏目標，很多人在畢業後的前幾年，都像腳踩西瓜皮一樣，滑到哪裡算哪裡。某些人會以為，自己的工作也是由老闆安排，似乎和在學校時差不多。其實，當我們從學生轉變成社會人士，思維方式就要改一改了。

你要相信自己不會永遠是為他人打工的上班族。即使十年後你依然是一名員工而不是老闆，你也可能是以一種和公司合作的方式工作，而不是其附庸。也就是說，在你需要這份工作的同時，公司也離不開你。

要做到這一點，你需要找對人生目標。具體來說，就是要把目光放在對周圍的人和社會有貢獻上，而不是一味放在成功上。

我在「得到」App的專欄《矽谷來信3》中多次提到，**一個人的眼睛往哪裡看，他就會慢慢成為什麼樣的人。**很多人把眼光放在那些所謂的成功人士身上，一心想成為那樣的人。於是，他們在不知不覺中，模仿那些人的做事方式，好像依樣畫葫蘆，早晚有一天自己也會成為那樣的人。

然而，很多所謂的成功人士其實並不值得大家學習，而且即使你努力學，也學不來。畢竟，你不知道他們成功的真正原因。檯面上說的，和私底下可能差異頗大，即使有機會學，也說不定害處大於好處。更重要的是，很多所謂的成功人士，其實爭議層出不窮。

就拿大家很熟悉的臉書創辦人祖克伯（Mark Zuckerberg）和特斯拉創辦人馬斯克（Elon Musk）來說，其實沒有人能學得了他們。幾年前，祖克伯經常往返中國跑，成為網紅，不管他做什麼事，大家都覺得好。很多人把他當作偶像，將他的缺點也硬說成優點。但是，有些人沒學到他的本事和全球化的視野，倒是把他當初坑合夥人，後來用不光彩的方式排擠競爭對手的手段，當成「競爭經驗」的教材來學習。不難想像，這樣的人不僅無法複製祖克伯的成功，還有可能在各種環境中都遇到巨大的阻力。而這幾年，祖克伯在美國和其他國家的名聲都不太好，把他當偶像學習的人，可能會有三觀盡毀的感覺。

馬斯克的情況與祖克伯類似。很多人沒學會他踏踏實實做事的本領，倒是學會了他把攤子鋪很大、不斷講故事的作風，最後搞得自己收不了場。

盯著一個人去模仿，很難真正學到什麼，不如做好自己的事。哪怕你現在沒有什麼成就，但只要你做的事真正對周圍的人和社會有貢獻，就會慢慢得到大家的認可，被賦予越來越重大的責任。人的重要性就是這樣一步步提升的。

十幾年前，我和美國普渡大學歷史系的一位教授，聊到工業界巨擘們的貢獻，他的一個觀點讓我深受啟發。

他問了我一個問題：「你覺得比爾．蓋茲等人對世界的貢獻，一定比我們大嗎？」

我說：「他們的貢獻有沒有你的大我不知道，但一定比我的大。」

他說不一定。我問為什麼。

他反問我：「你覺得你對世界的貢獻是正的還是負的？」

我說：「當然是正的。雖然我的貢獻不算大，卻也沒有做過什麼壞事。」

他說：「這就對了。你不能只看到蓋茲做的好事，他在過去也為非作歹，搞死了無數公司。其實那些公司的技術更好，給大家提供的服務更便宜。若它們還活著，世界是否會比現在更好還是個未知數。」

隨後，這位教授又說，蓋茲或許不是最好的例子，他以蓋茲為例，只是因為我們都很熟悉。世界上有很多位高權重的人，他們的貢獻是正是負很難評斷。譬如，有人認為美國歷史上的總統，至少有四分之一對世界的貢獻是負的。

最後，這位教授對我說，五年後再看看自己，你一定會承擔更多的責任，因為世界需要有人來做具體的事情；然後再過五年，你會有更大的影響力，只要你能做實事，不迷戀權力。

到現在已經十幾年過去了，我還是經常想起他的話。

一個人有影響力和有貢獻是兩回事。如果人只是有權力，卻不考慮自己是否為社會做出貢獻，那他行事的結果究竟如何，就只能看他的能力水準和意願了，而這是一件不確定的事情。一旦他造成的損失超過貢獻，他很快就會被周圍的人拋棄。我們經常看到某家大公司的CEO或者高層黯然離職，職業生涯從此畫上句號，就是出於這樣的原因。

如果一個人一味追求權力和成功，而忘記了真正對他人有意義、對社會有貢獻的事情是什麼，那他就很容易走上歪路。而在獲得權力的同時，他的職業生涯可能也快到盡頭了。

二、放棄窮人思維

大部分的學生都要靠父母金援，對普通家庭來說，供養孩子念大學的負擔是很重的。因此，大學生的生活不可能太富裕，有限的錢要省著花，也難免會花很多心思去考慮如何省錢。但當你走出學校，擁有還算穩定的工作，收入能保障基本生活，那就要徹底放棄窮人思維。換句話說，做人的格局不能太小。

什麼是窮人思維？羅伯特．清崎（Robert Kiyosaki）在《富爸爸窮爸爸》一書中有很多論述，這裡就不多言。不過，我不太喜歡用「窮人」「富人」的說法，因為這帶有一點歧視性的色彩。我更喜歡講格局的大和小。**人一旦開始工作賺錢，就要不斷把自己的格局做大；如果格局太小，個人發展的空間就會很有限。**具體來說，可以從以下幾個方面入手。

首先，不要再創造不必要的選擇。

在經濟條件不好的時候，如學生時期，不得不過得節省一些，有時甚至不得不將一塊錢當兩塊錢花。而在省錢的同時，也不知不覺把寶貴的時間和精力，花在某些非常瑣碎的權衡上。像是買件襯衫，要在網路上甚至實體店鋪來回比價，反覆思考買什麼顏色、哪種款式，最後花在糾結上的時間比做這件事用的時間還要多。

有人總希望能少花錢、多辦事，於是將大把的心思和精力都花在比價上。然而，所謂的「CP值」，其實在邏輯上就是矛盾的。如果你覺得自己能選擇到CP值高的事物，那一定是在別的地方付出了代價。

一般來說，花多少錢就辦多少事，不要糾結如何能將一塊錢當兩塊錢用。如「雙十一」這種促銷活動，其實根本沒必要在上面花太多的精神。我在美國生活了二十五年，只在「黑色星期五」的促銷日買過一次東西，那次省了五十美元。即使我每年都在同一天參與搶購，二十五年來也只能省一千多美元。你要明白一點，在這樣的促銷活動中，很可能不是買得越多省得越多，而是買得越多浪費越多。

更有害的是，一旦習慣在做事時占點小便宜，那心思就難以集中到做事本身。如果你還是學生，經濟沒有獨立，空閒時間很多，有這種思維情有可原。但如果你已經工作了，再把大量的時間和精力，花在這種沒必要的選擇上，格局就太小。生活中不得不做的選擇已經太多，實在不需要再給自己增加這些負擔了。

其次，要面對現實。

美國有句俗語說「窮人愛算命」，是說窮人希望透過算命來改變命運。這就是典型的格局太小。我們都知道，命運是不可能透過「算」來改變的。這句話背後所隱藏的，其實是一個人不願意面對現實，幻想著天上掉餡餅來逆轉自身處境的心理，這樣的人自然很難改變自己的命運。

人是很有意思的動物，越是時運不濟，越容易相信奇蹟會發生在自己身上，甚至一心想著好事，忘了防範未知的風險。然而，生活中更常見的情況是，夢想中的好事沒有降臨，反倒是因為缺乏應對方案，在倒楣之事發生後，災難性的後果被進一步放大。

最後，要專注於自己的事，不要操不該操的心。

你可能經常在媒體上看到這一類標題——「亞馬遜股價暴跌，貝佐斯財富大縮水」，然而細讀一下內容，就會發現亞馬遜的股價只不過跌了百分之三。其實，關注貝佐斯的財富變多或變少，對大多數人沒有任何意義，只是在浪費自己的注意力而已。當然，某些人喜歡幸災樂禍，有錢人的財富少個幾十億美元，能讓他們感覺舒服一些。但他們也不想一想，貝佐斯一天蒸發的現金，比一般人幾輩子賺的還多，有閒工夫當這種「吃瓜」群眾，還不如多思考能做點什麼讓自己早日還清房貸。

在學生時代，經濟尚未自主，接觸的社會範圍也有限，格局小一些很正常。但工作幾年之後，就該改一改過去的思維方式，格局大一點了。也只有這樣，才有可能實現階層的提升。

三、不妨寬容

念書時，有時不得不在對與錯之間進行選擇，選錯了，成績就少幾分，久而久之，就養成了非此即彼、非黑即白的思維方式。人們會說在這個問題上，張三是對的，李四是錯的；或者對於這個問題，第一種做法是對的，第二種做法是錯的。進一步發展下去，就難免會對別人的對錯品頭論足，甚至不能寬容自己認為不對的人和事。這不得不說是當下教育的一個失敗之處，因為世界上的事很少是非黑即白的，即便有些事能分出對錯，有時這種對錯也不是很重要。

我接觸過某些年輕人，他們對別人的苛刻程度讓我感到吃驚。即便是對在歷史和現實中做出巨大貢獻的人，他們依然喜歡談論人家的不足之處，以顯示自己的高明或公正。如我在《矽谷來信3》介紹了很多對人類文明厥功至偉的人，包括孔子、佛陀、柏拉圖、亞里斯多德、萊布尼茲（Gottfried W. Leibniz）、休謨（David Hume）、尼采、維根斯坦（Ludwig Wittgenstein）等。對於這些人，我內心總是懷著一份敬意。但很多人都會「熱心」地向我指出他們的局限性，像是佛陀的做法不切實際，亞里斯多德在物理學上犯過錯誤，尼采最後得了精神病等。

實際上，我們都知道世上沒有完人，即使是上述那些智者，依然有很多缺陷，犯過不少錯誤。只不過對於這些錯誤，我的態度一向是知道就好，不去深究，也不會因為在幾百幾千年後知道他們有錯，而覺得自己很了不起。對於先賢，更好的做法是學習他們思想中的精髓，而不是憑藉指出他們的錯誤來彰顯自己的高明。

如果對先賢都如此苛刻，那他對身邊的人就更不會寬容了。畢竟，若從先賢身上學到了知識，卻反過來嘲笑他們的局限性，此人在生活中又會何其自大呢？這樣的人不僅很難交到朋友，還會因為看不到他人身上的長處，而失去學習的機會。

在學生時代，或許你還可以年輕氣盛；一旦進入社會，就要學會如何恰當地對待他人，與他人合作。如果不懂得合作，就很難在這個時代取得成功。

總之，在走出學校進入社會之後，要找對人生目標，要做正確的事，而不是模仿他人；在解決了溫飽問題之後，應該拋棄窮人思維，不再糾結於瑣碎的事情，否則就會沒有時間和精力做大事；不僅要對先賢寬容，更要對身邊的人寬容。其實，把這三點歸結成一點，就是要提升自己的格局。

思維方式的改變，是一個人走向成熟的必經之路。

03／掌握職場中的行事智慧

幾年前，我在《態度》一書中轉述了柴契爾夫人的一段話：

注意你的想法，因為它能決定你的言辭和行動。
注意你的言辭和行動，因為它能主導你的行為。
注意你的行為，因為它能變成你的習慣。
注意你的習慣，因為它能塑造你的性格。
注意你的性格，因為它能決定你的命運。

而怎樣的想法和行為要不得呢？嚴格來說沒有什麼想法和行為一定是不好的，畢竟只要每個人都能接受自己的命運就好。但如果你想過得好一點，多受到一分尊重，多一些成就感，最好多培養正確的想法和行為。從學校到職場，恰好是容易於做出改變的轉折時期，在此時，不妨留意以下五個要點。

一、不要相信存在捷徑

很多人一生都沉溺於「走捷徑」，最後卻發現在關鍵時刻做出的選擇都是最壞的。事實上，世界上少有捷徑。那為什麼有很多人相信捷徑存在呢？因為某些人不想花任何成本，卻想獲得巨大的收益；還有些人是從小被一些心靈雞湯誤導，真的相信凡事都有捷徑。無論是哪一種，其結果都是被「捷徑」這個詞所騙，最後一事無成。

為什麼說捷徑通常是不存在的呢？你從北京去一趟上海就明白了。無論是自己開車，還是坐高鐵或者搭飛機，通常搭飛機是最快的選擇。如果有人一定要鑽牛角尖，說飛機起降時繞了路，其實有更短的捷徑可以走。對不起，那樣做就違規了，因為省下的一點時間遠抵不上所承擔的風險。

具體來說，我認為捷徑通常不存在有三個原因。

首先，人類進步到今天，各種做事的方法，能優化的已經優化得差不多了。除非出現新的重大變革，否則在這個基礎上找捷徑，多少有點癡心妄想。

即便它在某些路段不是直線距離，看似可以進一步縮短，但那些看起來更短的路，要嘛需要翻山，要嘛必須架橋，走起來並不划算。我這麼說並非否認各種做事的方法還有優化的餘地，而是想強調，從機率上說，找到別人都不知道的捷徑，其可能性小到可以忽略。

其次，個人都受到自身和外界條件的限制。比如，平時在讀書和學習時，書要一行一行地讀，課要從前往後按照正常速度聽。是否有捷徑？能否一目十行地快速閱讀？或者雙倍速地播放影音學習？對絕大多數人而言，這樣做的效果並不好，因為人接收資訊的頻寬其實很有限。讀得快，聽得快，要嘛跟不上，難以理解，要嘛會漏掉重要的資訊。然後，為了把沒理解的內容弄懂，或者補上那些漏掉的資訊，需要花更多的時間。

最後，很多看似捷徑的道路和方法，其實都是禁區，碰不得。譬如，有人不願意花時間複習，就在考試的時候作弊。這樣能不能考高分呢？或許某次老師沒發現，他們僥倖得手。但是，這種違規的害處比收益大得多。一旦被發現，便會名譽掃地，且以後機會盡失。即使沒被發現，養成了作弊的習慣，學習能力也會永遠不能再提升，這無異於撿了芝麻丟了西瓜。網路上有句玩笑話：「賺錢最快的方法都寫在刑法裡」，說的就是這個道理。

這些道理其實很多人都聽過，但大家依然相信存在捷徑，並且熱中於尋找捷徑。這又是為什麼呢？

很多人相信存在捷徑，是拜某些心靈雞湯所賜。例如，古代有一個魯班造鋸的故事。相傳魯班有一次要帶人在很短的時間裡蓋一座宮殿，需要砍很多樹。但是，當時還沒有鋸子，大家只能用斧頭砍，速度很慢，眾人再怎麼努力也無法按時完成這項任務。

有一天，魯班到樹林中尋找合適的木料，手不小心被毛草割破了。他很好奇，這麼軟的毛草怎麼能割傷手呢？經過仔細觀察，他發現這種毛草的葉子邊上有很多小齒。於是，他受到啟發，發明了鋸子，之後很快就完成了蓋宮殿的任務。正是因為這個故事，很多人就得出一個結論——做事情要找捷徑。事實上，鋸子根本就不是魯班發明的，也不是這麼發明出來的。早在殷商時期，中國就有了銅鋸。在更早的新石器時期，便有了帶齒的石器工具。從石器工具到金屬鋸，期間歷經了幾千年的改進，沒有什麼捷徑可走。

還有人相信存在捷徑，是因為不了解這個世界的規律。如很多人希望透過炒股實現財富自由，覺得這是一條致富的捷徑，遠比上班容易得多。但是，股市投資自有其規律，而這種規律很難讓普通人暴富。有些人認為單靠自己的積蓄來投資增長不夠快，於是加了幾倍的槓桿。但他們不知道的是，這樣有可能虧得更快。全世界的人在股市裡嘗試了幾百年，最後無不證明並不存在什麼快速致富的捷徑。

在現實生活中，我們有時會看到某些人的成功來得特別容易，於是就覺得他們有什麼捷徑。其實，**那些所謂的成功捷徑，只不過是有人十年挖了一口井，而大部分人是一年挖了幾百個坑。**

二、不要成為自相矛盾的人

很多人在想法和行為上卻是自相矛盾的，其結果就是南轅北轍，白白浪費生命。當然，很多人不會承認，反而覺得自己很有邏輯，很理性。

舉個例子，若你的國家經濟正在繁榮發展，但說到個人的職業前景和對未來生活的展望，卻又覺得社會上已經缺乏機會，自己懷才不遇，施展不了抱負。這就叫自相矛盾。畢竟，如果絕大部分人都沒有機會，國家和社會就不可能繁榮發展；如果國家和社會正在繁榮發展，就不可能大部分人都沒有機會。如果某個人沒有看到任何的機會，那大概是他自己的問題，應該從自己身上找原因。

再舉個例子。為什麼大城市裡的房價怎麼調控、限制都降不下來？有人說是因為房源太少，或者富人擁有了太多房子，但這並不是事實。這些城市的房源並不少，而且大約十年前就開始有限購措施。房價居高不下最根本的原因，是它們發展得夠快，創造太多的財富增長機會，使得這些城市中能接受這個房價的人夠多，他們支撐起了房價。

但是，很多人卻希望一線城市的房價，能低到每個人都負擔得起。如果自己負擔不起，就期待政府能把房價壓下來，讓他能買得起。這就是自相矛盾的想法。

如果是市場的原因導致房價低，那說明當地經濟不活躍，所有人的收入都不高。在這種情況下，即便房價低，大家也未必買得起，因為沒有工作機會，但凡衰退的城市都是如此。即使有工作，在這樣一個地方，死守著一間房子也沒有意義。假使是靠政府把房價限制在所有人都能買得起的範圍，就會導致全國的人都湧向這些城市，結果是有錢也買不到房子。

事實上，大多數自然演化出來的結果都符合邏輯，且收益和付出整體而言相一致；一些人為干涉的結果則難免自相矛盾。一個人想以遠比他人低的代價，來獲得與他人同樣的結果，甚至是比他人更好的結果，就是自相矛盾。

自相矛盾的另一個表現是濫用辯證法。有人只學到了辯證法的皮毛，看到壞事就說也有好的一面，看到好事就說也有壞的一面。這是沒有意義的，甚至會讓人分不清到底什麼是壞事，什麼是好事。事實上，對於一件事到底是壞事還是好事，是存在一些基本判斷標準的。

美國某些投資銀行喜歡做一件自作聰明的蠢事，就是在投資失敗後，告訴客戶來年可以享有收穫損失（harvest loss）。什麼是收穫損失？在美國，投資收入要繳百分之三十八至五十的聯邦稅和州稅，如果你今年投資虧損，就可以抵消第二年投資收入的所得稅。比如，你去年投資虧了一萬元，今年投資賺了兩萬元，那麼你今年就只需要按照投資收入一萬元來繳稅。這就相當於去年的損失讓你今年少繳點稅，也就是所謂的收穫損失。

但只要稍微算一下就知道，如果去年不虧損，今年投資收入兩萬元，繳完五十%的稅，淨收益一萬元；而如果去年虧損一萬元，今年按投資收入一萬元來繳稅，稅後的淨收入也只有五千元，只有不虧損時的一半。投資銀行的客戶都不傻，如果一個基金經理總是把這種壞事說成好事，那很快客戶就會撤資了。

現在有一種不好的風氣，就是明明一件壞事造成了損失，有些媒體在報導時，卻喜歡強調「成功挽回了多少損失」。這和那些自作聰明的基金經理很相似，把喪事辦成了喜事。媒體如何姑且不論，但如果你在工作中也這樣做，那就有問題。因為無論是同事還是老闆，其實都能一眼看穿你的想法。

做錯事造成損失不可怕，可怕的是因為害怕負擔責任而文過飾非。一個人工作幾年後，就要養成就事論事的習慣，好就是好，不好就是不好。不好就要改進，早發現問題早改進，不能用自相矛盾的理論安慰自己，更不能諱疾忌醫，把自身的問題推諉到環境和他人身上。

三、聚焦於重點，不節外生枝

有些人總喜歡證明自己是對的，且難免會為了這一點而與他人爭論，甚至抬槓。其實很多時候，自己是正確的，自己知道就好，不需要他人認可，可以省去不必要的口舌之爭。

我在本書第二章會談到一個問題：為什麼有些人既聰明又努力，卻過不好這一生？這種現象並不罕見。但是總有人喜歡抬槓，說難道不聰明、不努力就能過好這一生了嗎？這就是犯了一個邏輯錯誤——一個命題成立，不等於它的否定命題也成立。我之所以不討論不聰明、不努力的情況，是因為這種情形早有定論，無須討論。其實，抬槓就是最典型的節外生枝，把自己和大家的注意力都扯到枝微末節的地方，忘記了原本討論這個問題的真意。

喜歡抬槓最大的問題不在於討人嫌，而在於經常節外生枝，不能聚焦於重點。在學生時代還無傷大雅，一個問題討論不出結果可能也無所謂，說不定還有人誇你思維天馬行空。但進入社會和職場之後，你就要在特定的時間內解決特定的問題，必須得到結果。此時，天馬行空、節外生枝只會降低你的效率。

具體來說，要明白自己主要的職責是什麼，不是自己職責範圍內的事情，要衡量清楚做不做，不要來一件事就答應一件事。

在職場裡，如果別人犯了什麼雞毛蒜皮且與己無關的錯誤，不必多事。反過來，也不必因為別人不了解你而不滿，人不知而不慍是成熟的表現。一個不能聚焦於自己的職責，卻老挑別人毛病的人，是很難受到認可的。

四、學會低調

曾幾何時，低調被認為是一種美德。但今天，很多人卻覺得低調會讓自己得不到機會，甚至認為凡事三分靠做，七分靠吹。其實這是一種想當然耳的認知，事實卻恰恰相反——過分高調不僅不能提高你在他人心目中的地位，有時還會招致嫉恨。

初入職場的年輕人，很常於無意間踩「雷」，原因就是在做出一點成績之後，希望所有人都知道。這種想得到大家認可的心情無可厚非，但客觀來說，這也容易給自己帶來麻煩。當然，我不是說做出成績後就只能藏起來，你可以讓老闆、合作夥伴和可能給你寫評語的同事了解，但沒有必要太過招搖，因為你不清楚有些同事知道之後，是否會出於嫉妒在背地裡橫生枝節。

對於同一件事情，你作為行動者的感覺，與他人作為接受者、觀看者的感覺很可能大不相同。例如，你買了一輛漂亮的豪華跑車，帥氣過街，覺得春風得意，但街上其他人的感受可能和你完全不同。

在美國，有人做過這樣一項調查：看到街上有一輛跑車飛馳而過，你對開車的人會有什麼感覺？結果顯示，大部分人的第一反應，不是這個人努力工作獲得了不起的成就，而是會覺得他只想炫富，甚至認為他就是一個紈絝子弟或者黑心資本家。路人對跑車主人的評價可能影響不到他，但在工作場合，同事如何看你卻會實實在在地影響到你。

當然，也有人會說，我不在意別人的評論，走自己的路，讓別人去說吧。但進入社會後，你要明白一個道理——每件事都有後果和代價。如某人在有了一點成就後，馬上大手筆購入輛價值數百萬元的好車招搖過市，最直接的結果是什麼？是自己帳上少了幾百萬元。甚至有人會貸款買車，這就更糟糕了，因為這是在拿未來的靈活性，去換一時的愉悅和所謂的風光。

如果你總喜歡把自己的成績掛在嘴邊，不僅會影響人際關係，還說明你把很多注意力放在過去，而不是未來。失去未來，比失去金錢更可怕。**不要太看重已經獲得的成績，它只會成為你前進的負擔；也不要刻意讓所有人都知道你的成就，畢竟不是每個人都會祝福你的成功。**

五、保重身體

保重身體所有人都懂，但實行者寥寥無幾。很多人會以工作太過忙碌為藉口，沒有時間鍛鍊身體。但實際上，每周多工作幾個小時不會讓你多幾分成就，卻可能使你在步入老年時候後悔不已。不僅如此，在疲勞的狀態下長時間工作，還會讓你的效率大幅下降，更不必說現在很多青年與中壯年過勞死的問題了。

在清華大學就讀過的學生，都知道一個口號叫「8減1大於8」，意思是從八個小時的學習或工作時間中，抽出一個小時鍛鍊身體，最後的成果反而會高出原先那八小時。這不是簡單地喊口號，而是在半個多世紀裡，被幾十萬清華畢業生不斷驗證過的，同時也是有理論依據的。醫學研究表明，運動不僅能改善健康，還能讓頭腦保持清醒，心情維持平靜。今天在美國，大約有百分之七十五至九十的求診者，其病因和心理壓力有關，而運動會讓身體釋放內啡肽，幫助緩解疼痛和壓力，還可以降低體內壓力激素（如皮質醇和腎上腺素）的水準。經常鍛鍊對身心健康有很多益處，讓人可以擁有更長久的職業生涯，也可以讓人在換工作或事業發展不順利時扛得住壓力。

其實，一個人是否經常鍛鍊身體，與其說是時間問題，不如說是習慣問題。養成經常鍛鍊的習慣，一定會讓你受益終身。**而如何養成，始於每天都行動——換上運動服和運動鞋，做一些最簡單的動作，不需要任何高超的技能，也不用花錢，每個人都能做到。**

一旦進入社會和職場，就要學會對自己負責，學會做一個理性、現實、就事論事的人。這並非難事。而只要養成這樣的思維習慣和做事方法，在好的大環境下，時間就會幫你獲得成功。新世界的大門已經向你敞開了，千萬不要辜負它。

04／別操不該操的心

相較於其他國家，華人似乎特別愛操心。以我身邊的墨西哥人為例，一天賺沒多少錢，跑到速食店兩餐就花光了，還笑呵呵的。不僅墨西哥人和拉丁裔各民族如此，土生土長的美國人也差不多。就算是被認為非常理性的德國人、荷蘭人和英國人，也沒有那麼愛操心。

喜歡操心固然有好的一面，古訓常言：「人無遠慮，必有近憂」、「天下興亡，匹夫有責」，但這也會讓人活得非常辛苦。如果只是為自己操心還好理解，但很多人還要為周圍的人、甚至是與自己毫不相關的人操心，這就有點過分了。事實上，操不該操的心，不僅沒有遠慮，還可能讓自己活得不好。

我會談這個問題，是因為有些讀者詢問如何駕馭很多的財富，像是上億元的個人資產，或者剛入職就開始考慮自己的職業天花板。這都屬於不該操的心。事實上，每個人在不同階段所應關心的事情是不同的。過多的遠慮不僅不能消除近憂，還會加劇近憂，甚至會讓人長期生活在憂慮中。

我以前就讀的科系出過一位大人物。他有一次回到系上，系主任和老師希望他和年輕人談一談如何在讀大學時立定志向的話題。但是，他沒有依照要求，而是講了許多實話，對那些有遠慮的學生和有類似想法的老師潑了些冷水。不過，他演講的內容當時就讓我有所觸動，即使過了多年，依然有參考價值。

這位大人物說，他在學生時代，是不可能去思考後來位高權重時要操心的事情。畢業後，他到工廠當技術員，每天和大家一樣完成自己的工作，也無暇顧及工廠以外的瑣事，多想不會有幫助。後來他逐漸被提拔，當了廠長，也只能考慮工廠的事情，不會考慮所在城市和所在行業以外的事情。當然，等到他「官」越做越大，要分神的難題也越來越多，但總是在一定的範圍之內。

聽了他的話之後，**我養成了一個習慣——今天盡可能不去為明天的事操心，除非明天**

那件事和今天有關，這樣就能輕鬆許多；當然，更不要為自己能力範圍以外的事操心，因為那樣不僅對自己無益，甚至還會害到別人。

為什麼不需要過分為未來操心呢？因為沒有人能預測未來，一個人在此時此地想像出的時空都是不準確的。比如，你沒有上億元的財富，就不用考慮如何駕馭百億元的資產，也無須思索該拿出多少錢為社會做出貢獻。你今天可能會想，如果自己真有那麼多錢，就拿出百分之九十的財產濟貧，剩下的百分之十，也就是十億元，也足夠一家老小花一輩子。但等你真有了那麼多錢，可能就會捨不得了。不信的話，請看看那些身家百億的中外富豪，有幾個會這樣做？

他們甚至覺得，錢由自己使用可以帶來更大的社會效益，以至於能逃的稅都逃掉，更不要說把大部分錢直接捐出去了。所以，在這時考慮未來都是白做工，等到真正賺到一億元之後，再去煩惱管理十億元財富的問題就好了。當然，上述例子只是打個比方，並不意味著你真的要去追求金錢。

有些人問我，往專才方向發展，是否會很快遇到職業發展的天花板。說這種話的人，可能還只是一個初級的專業人士。此種想法，和還沒有一億元的時候，操心有一百億元的事情沒什麼兩樣。對絕大部分人來說，他們最大的問題，是一輩子都不能成為自己所在領域的頂級專才，以至於在沒遇到職業發展的天花板時，先遇到了能力的瓶頸。因此，請在成為頂級專才之前，別想太多。

事實上，作為一個優秀的專才，是完全可以勝任在大型跨國企業擔任中層領導，或者在政府部門做到處級甚至局級幹部的。只有再往上成為大型跨國企業的老闆，或者政府高官，才需要既是專才，又是通才。顯然，百分之九十九以上的人努力一輩子，也碰不到那樣的天花板。與其擔心如何突破職業發展的天花板，不如考慮如何搆得著它。

如果說為自己操心最多是害了自己，那為別人操心就有可能既害人又害己。電視劇中常看到，許多為成年子女操碎了心的父母。在孩子沒結婚時，操心孩子的婚事；結了婚之後，又操心他們的配偶或者下一代。目睹這些父母的表現之後，我們往往不會體會到愛，而是會感到發自內心的厭惡。當然，有人會說那是演戲，少不了對現實的誇大渲染。但事實上，這還真不是虛構的，我在生活中就見過不少這樣的父母。

我有一位朋友，為人很好，在公司的職位也很高，但快四十歲了還沒有結婚，甚至連個固定的戀愛對象都沒有。了解箇中原因的人告訴我，他不知道交了多少個女朋友，都被他母親無意間破壞了。原來，這個媽媽一直堅持和兒子同住方便照顧，且不論他到哪裡出差，都要跟過去。

這種情況並非特例。我還知道一位母親，住在女兒女婿家，天天看女婿不順眼，鬧得家裡雞犬不寧。每次小倆口吵架，她就鼓勵女兒離婚。每個人都有許多該操心的事情，但這樣去替別人操心，顯然就搞錯了對象。有人會說，我關心孩子難道有錯嗎？當操心過頭，干涉了他人的自由，還真是錯得離譜。

替子女操心，即使他們不高興，一般也不好意思「撕破臉」。但是，替周圍其他人操心就不一樣了，這不僅對自己和他人都沒好處，還可能會讓友誼的小船說翻就翻，甚至使原本的朋友反目成仇。很多人會想，小張是我的朋友，要是不把這件事告訴她，她不就被蒙在鼓裡嗎？或者，我要是不替她出頭，她不就吃虧了嗎？之所以有這種想法，是因為你太把自己當回事了。小張有自己的生活，過得好不好是她的事，不需要別人牽腸掛肚。

如果了解一些雍正（康熙四子胤禛）的歷史，你可能知道他在爭奪皇位的過程中，有兩個最大的政敵——八弟胤禩和九弟胤禟。胤禟並不像很多小說裡塑造的人設，是只會搞陰謀詭計的紈絝子弟。史書裡的記載，他好讀書，性聰敏，喜發明，甚至精通拉丁文和西學。

由於胤禟善交朋友，為人慷慨大方，重情義，因而在各個階層有很多支持者。當然，正是因為如此，才被雍正忌恨，獲罪圈禁，還令其改名為「塞思黑」，就是豬的意思。曾經得到胤禟救助的山西百姓聽到這件事，便想聚合兵民，以救恩主，還派代表扮作商人千里迢迢趕到北京見胤禟。

胤禟得知消息後說，「我們弟兄沒有爭天下之理」，意思是你們多慮了，不要再管閒事。有的歷史學家將他這句話解釋為保護其他人不受牽連；有的則將其解釋為即使身陷囹圄，胤禟也覺得自己屬於皇親貴胄，國家的事只有他們這些人有資格討論，百姓無權過問。不管哪一種是正確的說法，那些想為胤禟出頭的人，都是替別人瞎操心。

除此之外，還有很多人不僅喜歡替周圍的朋友操心，還會替和自己八竿子打不著的人操心。例如，時常有年輕的工程師朋友問我，最近比特幣暴漲或者暴跌，會對經濟有什麼影響？最近美國聯準會（美國聯邦準備理事會，Federal Reserve Board of Governors）要退出量化寬鬆的貨幣政策，人民幣會不會因而貶值？或者某家地產商爆雷了，是不是經濟要下修？

其實對於這種事，有些人該操心，有些人則完全沒有必要。如果你從事的是金融方面的工作，或者在商業機構研究經濟，又或者全部身家都押在比特幣上，那的確需要操心。否則，這些事情就算真的發生了，與你的關係也不是很大。

有些人會說，不是有蝴蝶效應的說法嗎？南美洲的蝴蝶拍拍翅膀，還會導致亞洲產生風暴，那些事怎麼能說和我無關呢？其實，亞洲發生風暴的主要原因，顯然不是南美洲某隻蝴蝶拍了拍翅膀。試想一下，南美洲少說也有上百萬隻蝴蝶，每隻蝴蝶一天不知道要拍多少下翅膀，但哪有那麼多風暴發生呢？

同樣，比特幣的暴漲或暴跌就像家常便飯一樣，聯準會的貨幣政策永遠在量化寬鬆和退出量化寬鬆的週期中循環，全球的地產商數也數不清，前面講的那些事三不五時就會發生，那全世界七十多億人還要活下去嗎？哪裡需要你操心呢？

一個人能操的心是個常數。你在這方面操了心，就無法在其他方面操心；在別人身上過度操心，就無法在自己身上操心。有時我會半開玩笑似的、對那些向我提出上述問題的年輕人說：「你們準備好購屋頭期款了嗎？」、「你們的房貸還清了嗎？」、「如果還沒有，不妨現在回去加班或者回家學習，不要為比特幣、聯準會和地產商操心了。」

當然，關心世界和社會本身並不是什麼壞事，但要搞清楚它和瞎操心的區別。如果你真的忍不住，那我的建議是把操心的範圍提升一級就足夠了。

譬如你是高中生，可以為讀大學操心；你想關心世界，不妨聚焦於未來的趨勢需要什麼樣的人才，哪些專業會更有用；你是大學畢業生，可以為找工作操心；你是新員工，可以為拿到高級職稱操心；你是部門經理，可以為總監操心。但是，如果你是中學生，卻為將來的結婚生子操心；或者你是大學生，卻為退休後的生活操心；又或者你是一個小處長，卻去為整個國家操心，那就真的想太多了

一個人的快速進步，從懂得什麼事該操心，什麼事不該操心開始。你不妨看看古今中外和身邊的人，有哪位瞎操心的人最後能成大事呢？

05 ／ 學會與自己和解

從本章一開始，我就有提到，透過逐漸改變自己的想法和做法養成良好的習慣，可以達到讓自己過得更好的目的。但是，即便我們再努力，做得再好，也難免會遇到挫折和意外的打擊，甚至可能會遭遇滅頂之災。像在學業、事業和愛情上碰到阻礙，親人去世，或者不得不和一起生活多年的配偶離婚……人生的這些坎要怎麼跨過去？該怎麼辦呢？每次看到這樣的問題，我總會想到一句話：「與自己和解」。

外傷和內傷

你之所以會感到痛苦，除了某些客觀原因，很多時候是因為自己內心的糾結。人總是難以擺脫這種念頭：如果當初做了某件事，就不會有這樣的悲劇了。例如：

- 如果考試時再仔細一點，那道選擇題選A而不是C，我的成績就能提高3分，錄取第一志願了。
- 如果我多花時間陪伴父母，現在就不會這麼後悔了。
- 如果我答應妻子的提議，就不會爆發這麼大的爭執，也不至於走到離婚一途。

痛苦、後悔、糾結……這些負面情緒幾乎每個人都會遇到，有時我真的很懷疑它們是否已經被刻在人類的基因中。

如果說挫折和災難是外傷，那麼不原諒自己和內心過分的糾結則是內傷，此為最致命者。雖然從客觀上說，人在經歷挫折和災難之後，需要自我反省，如果有事情做錯了，也跟著否定過去錯誤的做法，這種否定如果成為持續性的情緒，就會讓人變得焦慮、憂鬱、失去自信。而且，因為害怕再次受到傷害，有的人會把自己緊緊包裹起來，失去邁出下一步的動力。

我們身邊都有類似的例子。有人失戀之後，對愛情從嚮往變成恐懼；駕駛新手在車子經歷了一次刮傷之後，就再也不敢開車上路。這種情緒的殺傷力，比經歷的那件事更大。

有句古話說：「一朝被蛇咬，十年怕草繩」，講的就是這個道理。通常，一個人猛然遇到一條蛇，即使沒有被咬，也會嚇得不輕；再見到蛇，身體就會自動緊張起來，甚至看到類似的東西便會觸發這種反應，忘記思考和判斷，本能地只想逃跑。

那些已經過去的挫折和災難，往往也會啟動身體的生理反應：一想到那些事情，人就會開始緊張，體內的激素發生變化，甚至表現在軀體上，即瑟瑟發抖，心跳加速。該怎麼應對這種生理反應呢？

給予自己關懷

可以冷靜地想一想，當親人或者好友受到傷害而痛不欲生時，我們會怎麼辦？首先一定會給予關懷，也許是靜靜地聽他們訴說，也許是安慰他們。如果需要的話，也會陪伴他們、抱抱他們。我想，絕大部分人是不會在這種時候去出聲責怪的，而是會接受他們的過失，理解他們的情緒，甚至還會去照顧、關愛他們。

對待親友是這樣，對待自己亦可如法炮製。在挫折和災難發生之後，當然要總結教訓。但接下來要做的，是與自己和解。

我們也需要給予自己關懷和愛。這種做法在心理學上叫作「自我關懷」（self-compassion），compassion 也可以用來形容母親對孩子的體貼、照顧和保護。生理學的研究表明，媽媽在關愛孩子時，體內會分泌催產素（註 1-2）。這種激素能夠讓人感到平靜，減少焦慮，增加安全感和信任感。即使過去的災難留給我們生理性的恐懼或者應激反應，也可以透過自我關懷來調節情緒和生理狀態。

註

1-2 雖然名為「催產素」（Oxytocin），但其實是一種男女體內都會分泌的激素。

與自己的情緒共處

在現實生活中，要怎麼做才能與自己和解呢？很多人在遇到精神打擊後，會尋求身心科醫師的協助，而醫師對他們的開導常常包括以下三點：

先接受情緒

首先，要接受自己的情緒。在安慰朋友的時候，我們往往會對他們說，哭出來吧，哭出來就好受了。其實，哭出來就是接受自己的情緒。如果已經產生了低落、懊惱的情緒，沒有必要否認它，也不用強忍悲痛，因為那無法解決問題。即使悲痛被強壓下去，也會不時冒出頭來。所以，不如接受自己的情緒，適當地把它們釋放出來。

理清情緒

其次，要理清自己的情緒。在安慰朋友時，除了詢問他們的身體狀態，現在感覺怎麼樣；也會詢問他們的精神狀態，現在心裡是怎麼想的。在我們的引導下，朋友會開始梳理自己的想法，很多人在講述和訴說的過程中，情緒就能慢慢好起來。這其實就是理清自己的情緒。

但是，我們卻很少對自己這麼做，反而常常陷在情緒裡出不來。很多身心科醫師和來訪者談話時，就是在引導他們把心中的想法和感受都說出來。

「說出來」是一個梳理自己內心的過程，經過這番梳理，頭腦會清醒很多。與自己和解，其實就是接受情緒，引導自己把情緒抒發出來，這樣負面情緒就能漸漸地整理清楚了。

承認自己的陰暗面

人都有好的一面，像聰明、勤奮、行事果斷、關心他人，但也不得不承認，幾乎每個人都有陰暗面。這種陰暗面不一定是什麼罪大惡極的行為，但確實是我們性格、行為上的一些缺陷。如有的人自以為是、好面子、容易衝動、忽視家庭等。

我們平時會刻意壓抑、無視自己的陰暗面，讓自己顯得堅強、陽光、有本事。但是，被壓抑的那一面並不會消失。我們遇到的很多挫折和痛苦，其實就是由自己的陰暗面造成的，只是往往不願意承認而已。

悲劇發生，代表那一面已經壓不住了，對現實造成影響。然而，很多人依然想去壓抑、否認。如老王做某件事失敗了，生怕別人說他能力不足，就越發不願意承認自己能力有問題。但現實已經對他造成打擊，其內心深處也意識到這一點，因此他再也不敢嘗試去做這件事。即使後來的能力有所提升，心中仍烙印著這次失敗的陰影，內心深處依然不相信自己，覺得自己還是會失敗。很多人在內心深處藏著陰影的同時，表面上卻還是要假裝得很強大，這就給他們造成了巨大的心理壓力。

人不是神，總有弱點和缺點，只有承認不足，才能寬容自己，理性看待自己的失敗，也才能讓曾經的悲劇，成為生命中的一個「個案」，讓它能夠過去，不會長久地造成影響。評價某個人時，我們有時會說他「沒心沒肺」。其實有時候，有些人的「沒心沒肺」，就是做到了承認自己不是神，對自己寬容。

「和解」這個詞究竟是什麼意思呢？我們可以透過一個與他人和解的例子來理解。假如你和父母有爭執，但一直將這些事壓在心底，後來就不來往了。有一天，你或者是父母，希望彼此之間能夠和解，應該怎樣做呢？你們可能需要做很多事情，不同的情況下需要做不同的事，但有一件事是必須做的——找出那個讓彼此漸行漸遠的原因。

例如，可能是你曾經想做一件事情，父母硬是不讓你做，這件事藏在你身上幾十年，而父母甚至都沒有意識到。要想和解，第一件事就是把這個「蓋子」掀開，把那個原因找出來，梳理清楚，承認它確實造成了影響。對自己也是如此，要想與自己和解，就需要把「蓋子」掀開，把事情理清楚。

「除死無大難」

我之所以認定需要與自己和解，是因為堅信人「除死無大難」，沒有什麼過不去的坎。與自己和解，就如同留住了青山，之後總有重獲光明的一天。

這裡分享一個美國國父華盛頓的故事。華盛頓是美國獨立戰爭的領袖，一些傳記文學把他的形象描寫得非常高大，將他的軍事才能和拿破崙相提並論。但實際上，華盛頓並不是什麼軍事天才，不僅不能和拿破崙相比，就算在美國歷史上也算不上是名將。

當初北美殖民地的大陸會議，之所以將最高指揮權交給華盛頓，是因為其他人都沒有軍事經驗，而他之前和法國人打過仗。雖然華盛頓常打敗仗，甚至自己還當過俘虜，但相比之下，他多少還有一點經驗。

在獨立戰爭初期，華盛頓幾乎是屢戰屢敗。他手底下最能打的將軍，也就是指揮薩拉托加（Saratoga）大捷的阿諾德（Benedict Arnold），因為看不到希望，變節跑到英國人那邊了。如果華盛頓戰敗後就一蹶不振，那獨立戰爭的結果，還真是難以預測。

但在整場戰爭期間，華盛頓一直像定海神針一樣矗立在那裡，成為北美殖民地幾百萬人眼中獨立的旗幟，支撐著大家對勝利的憧憬。最終，他等到了轉機——富蘭克林（Benjamin Franklin）從法國搬來了救兵。一七八一年，也就是獨立戰爭第七年，華盛頓指揮的大陸軍終於在法軍的幫助下，取得了決定性的約克鎮（Yorktown）大捷，這才有了獨立戰爭的勝利。

華盛頓一生經歷無數坎坷，但每一次他都從失敗中走出來。其身為美國獨立運動的領袖，身上扛著一個國家的命運，他都能做到接受自己的失敗，我們又何必讓生活中那些挫折，變成一輩子過不去的心結呢？

每個人都快樂過，悲傷過，愛過，恨過。著名哲學家萊布尼茲說，今天發生的每一件事，都有過去合理的原因。同樣，我們往前看，所有這些已經發生的事情，未來都會產生一個合理的結果。這個過程，塑造了我們每一個人。

在生活中，從來都是道理容易理解，做起來卻千難萬難。有時候我們需要的不是一個道理，而是一種心態——**學會時刻保持與自己和解的心態，去面對生活中時常發生的煩心事。**

當然，與自己和解不是對自己放任自流。恰恰相反，只有與自己和解，我們才能在挫折和災難發生後再次站起來，繼續努力前行。

06／一位父親給女兒的四個建議

二〇一八年，我把自己寫給女兒的四十封信，改編成了《態度》一書。後來，我聽到了另一位父親給他女兒的四個建議，覺得很有道理，而且適合所有年輕人。我對這四個建議做了一些解讀，一併分享給大家。

建議一：不要做「非此即彼」的簡單判斷

凡事不要做「非此即彼」的簡單判斷，這是那位父親的第一個建議。

世界上有很多事情並不是非此即彼的，它們之間原本不是對立關係，沒有必要把它們對立起來。比如，很多人會覺得，如果我花時間幫助別人，自己的工作就做不好了。其實花時間幫助別人，不一定會影響自己的工作，除非你當下的工作截止日期就是隔天，的確和幫助別人產生了衝突。否則，以一種非此即彼的心態看待這類事情，你就會把自己孤立起來。

戀愛中的人，常常會抱怨對方不滿足自己的某些要求，說對方這麼做就是不愛自己，這也是一種非此即彼的心態。不滿足你的某個要求，可能是因為對方確實難以做到，也可能是因為這要求本身就不合理。如果非要把「能不能滿足我這個要求」和「愛不愛我」放到對立面，那就是不夠成熟的表現。

瑞士著名兒童心理學家、教育家皮亞傑（Jean Piaget），把兒童和少年的心智發育過程分為幾個階段。在十二歲之前，孩子智力發展不完善，只能做出對與錯的簡單二元判斷。例如他可能會說「如果不給我玩具玩，我就不跟你做朋友」之類的話。孩子用這樣的方式交流，是因為他們只能理解這樣簡單的邏輯，也只能透過這種二元對立的方式，表達自己的想法和利益訴求。可以說，凡事總想做出非此即彼的判斷，是孩子氣的表現。

人在成年之後，智力發展成熟後，也有了一定的社會經驗，就應該懂得世界上的事，並不一定是黑白對立的。有些事情彼此都不沾邊，就更不能把它們刻意放在矛盾的對立面了。

像有人覺得，如果要努力學習，就沒有時間鍛鍊身體，於是擠壓運動的時間；還有人覺得，要是專心工作就不能照顧家人，於是對家裡的事情不管不顧。可是，但凡心智成熟，就不會把上述事情這樣對立起來，而這就是長大的表現。

遺憾的是，總有一些人身體長大了，思維方式和見識卻沒有隨之成長，仍然停留在小孩子階段，仍然抱著非此即彼的二元思維，在不矛盾的地方刻意製造矛盾，遇到真的矛盾又只會回避問題。結果就是把生活變得很累。久而久之，他們就會覺得自己好像什麼都做不了，什麼都不想做，人也跟著變得遲鈍、懈怠。很多人覺得自己很忙，沒有閒暇時間，煩心事很多，這時其實可以考慮一下，有些麻煩和矛盾是不是自己造成的。

女性的感情通常比男性更細膩，她們有時會依賴感情做判斷，可能更容易陷入所謂非此即彼的困境。建議這時可以跳出來看一看，用理性想一想。除此之外，有時還需要從另一個維度來思考問題。

建議二：不要只看他如何對你，還要看他如何對別人

那位父親給女兒的第二個建議是：談戀愛時，不僅要看對方對你怎麼樣，還要看他對別人怎麼樣。我覺得這句話說得很有道理，我父親其實也對我說過類似的話。我自己在生活中，無論和什麼人來往，都會注意他怎樣對待別人，以及他喜歡接觸什麼樣的人。同樣的話，我也分享給我的女兒。

在戀愛中，追求者很容易做到溫柔體貼、出手大方，平時甜言蜜語，動不動就送個小禮物，口袋裡隨時裝著巧克力。這些戀愛技巧不用教，任誰都會。至於海誓山盟，反正沒有成本，戀愛一年可以比結婚後一輩子說的還多。但這只是他對待追求對象的方式。有人熱戀時對女朋友千好百好，私底下對待其他人卻粗暴、吝嗇甚至偏執。

還有很多女生有過這樣的感覺：結婚後，怎麼丈夫彷彿變成另一個人，變得讓人厭煩了？其實，那可能才是真實的他，戀愛時的完美形象反而是假的。要避免遇到這種情況，辦法之一就是多觀察他是怎麼對待身邊其他人的。

其實，不僅戀愛對象會如此，但凡對你有所求的人，都可能會有類似的做法。那什麼人算是對你有所求的呢？比如要向你借錢的人、要租你房子的人、想和你談生意的人等。在有求於人時，很多人都熱情如火，而一旦得到自己想要的東西，他們就會變成另一個人。

在美國，經常有房東因為房客欠租金賴著不走，而去跟他們打官司。因此，有經驗的房東，不僅會調查潛在租客的公開信用記錄，還會從他身邊的人了解他的為人。這樣做雖然成本高，但能夠省掉後面很多麻煩。

我們在投資時，對於第一次打交道的創業者，也會秉承一個原則，就是要求他自己社群、朋友圈裡的人必須跟著投資。這都是花錢「買」到的教訓。

建議三：不要倉促做決定

那位父親給出的第三個建議是：只要不是關係到生死的事，不妨先放一下，不要倉促做決定。

女性通常比男性更感性，有時會在感情的作用下很快做出決定。像生氣或者委屈的時候，可能會說出衝動的話；遇到突發情況的時候，難免會因為慌張倉促行事。但太快做決定，後悔的情況也會變多。其實，拿不定主意的時候，話可以先不說，事可以先不做，這樣犯錯的可能性就會大大降低。

越是衝動、慌張的時候，越要冷靜。只要事不關生死，不妨先去喝杯咖啡，或者到健身房鍛鍊，平復一下心情，如此過後，很多事就雲淡風輕了。心平氣和之後，好的解決方案、好的表達方式也會自然地浮現出來。畢竟很多時候，事情並不像想像得那麼糟糕，只是不在我們的意料之中而已。

當然，這並不是只有女性才會遇到的問題，有些女性在這方面，其實比男性做得更好。有一位和我一起進Google的亞裔女同事，她所在的團隊很多都是白人男性的博士，學歷比她高，英語也比她好，但高層卻把團隊交給她來管理，因為她為人淡定，很少衝動，也很少犯錯誤。當別人吵得不可開交時，她常常不說話，事後把那些問題逐一解決掉。

建議四：要守住底線

最後也是最基本的一個原則，就是要守住底線。這句話不僅適用於女性，也適用於所有人。

我說的那位父親生活在美國。美國社會和中國社會一樣，也有各種複雜的關係要處理，企業同樣有各種派系和權力鬥爭。每當單位來一個副總裁，就會帶來一批自己的人，排擠掉一批原來的員工。這樣的內耗在任何公司都可能發生。

有的人遇到這樣的事喜歡站隊、抱大腿，甚至為了上層的變動和單位工作重點的轉移大傷腦筋。但是，大腿抱對了且不說，一旦抱錯了，結果可想而知。更何況，靠抱大腿上位，就算暫時抱對了人，以後工作重點轉移，常常就得和主管一起走人。在職場上，各國的情況都差不多。但是，靠派系鬥爭上位的人，很難永遠是派系鬥爭的贏家。不管在什麼公司，都要記住原則，守住底線。當然，如果自己能把工作做得出色是最好的。如果做不到出色，也要讓整個單位都了解你的價值，而不是只依賴一兩個人。

對於已經做到中級管理階層的人來說，最需要動腦筋的事情，是如何讓自己的團隊變得高效。此時可以引入必要的競爭，這會給團隊帶來朝氣；但是物極必反，過度鼓勵競爭會造成內耗，甚至導致員工離心離德。

對於女性來說，在以男性為主導的職場中打拚，不是一件容易的事。有人因此就覺得，自己一定要比男同事更狠才行。其實大部分時候，公司任命一位女性做主管，恰恰是需要她用智慧來平衡各種關係，安撫團隊成員，這是女性的優勢所在。

明白自己的價值，守住自己的底線，才是在職場上立於不敗之地的正解。如果是在基層單位，女性更多的可能是面對困難和誘惑。這時，更要記住「守住底線」這句話。

你可能不時會聽說，某公司的某位女員工，因為和男性高階主管有曖昧關係，而獲得了什麼職位。然而一旦公司要調整組織結構，清理不稱職的人員，這樣的人就留不下來了。如果女性本身很有能力，被捲入這樣的事就更不值得了。就像我在前文說過的，**有些路看起來是捷徑，其實是離成功最遠的路。**

——對於以上四個建議，我想大家都不是第一次聽說，但真正能做到的恐怕不多。這些屢試不爽的道理，應該深深刻印在基因中，有意識地去實行它。慢慢地，當習慣成自然，至少會比九成以上的人做得好。

07／你需要的是財務自由還是自由

「財務自由」這個名詞，從美國進入中國，是近幾年的事情。盡早實現財務自由成為很多年輕人的夢想。

其實，這個名詞在美國的歷史也不長，約是二千年前後，網際網路第一波熱潮時才出現的。當時有一家小型網路公司，上市後雖然沒有實現盈利，股票卻被炒翻了天。按照股票的價格計算，這家公司的員工們，其帳面上的錢，足以抵得過一輩子的薪水。於是新聞裡就說這些員工實現財務自由了，即使不上班，也一生不用為溫飽發愁。

在此之前，雖然一些大家族的子女，也不需要為生計煩惱，但是他們與普通民眾沒有什麼交集，所以眾人都覺得這種生活離自己很遙遠。但是，當身邊有人賺了大錢之後，財務自由就變得沒有那麼遙不可及，它一下子成了很多人的目標，甚至有些人開始夢想三十多歲就能退休。一個名詞可以讓社會上那麼多人改變生活目標，可見概念的力量。

我身邊就有兩個這樣的幸運兒。他們原本和我們一樣，租民房，開二手車，但因為畢業後碰到了一家好公司，帳面上的財富一個變成了兩三百萬美元，另一個則變成了上千萬美元。這兩個人一個是碩士畢業，一個是博士畢業，年薪分別是五萬美元和八萬美元，可見，股票的收益超過了他們一輩子的薪資收入。和他們一同畢業的人，因為去了其他公司，雖然每天做的事情都一樣，帳面上的財富卻和他們差距極大。

網路公司上市的財富傳奇，當時在我們這些留學生中，也帶來了不小的震撼。大家就在想，怎麼這兩個人運氣特別好呢？於是很多人都選擇退學去工作。當時，我正在約翰·霍普金斯（The Johns Hopkins University，JHU）大學讀博士，前後三屆博士生中，八成以上的人都退學了。不過，這些人不再進修學業之後，卻沒有賺到能實現財務自由的錢。

對安全感的渴望

從世界上的總財富和總人口來看，絕大多數人在這一生，是不太可能獲得財務自由的。但是，為什麼大家都在熱衷追求這個不切實際的目標呢？這倒不能責怪大眾，因為絕大部分人在工作或者生活中，常常會遇到許多挑戰，所以非常渴望獲得一種安全感。

像今天肚子疼，想請假，又怕老闆覺得自己工作態度不好。或者，晚上答應陪女朋友去看電影，但是老闆要求加班。請假吧，得罪老闆；不請假吧，得罪女朋友。於是人們就會想，我之所以生活這麼不方便，是因為沒有錢，只要有了錢，就不用上班了，想做什麼就做什麼。

譬如，最近車壞了，需要花一萬元去大修，雖然自己拿得出這筆錢，但是原本打算幫女兒換手機的事，就要等到下個月了。這時你可能會想，如果有花不完的錢，就不用擔心透支，甚至可以乾脆買輛新車。當然，如果碰巧家裡有人生了大病，更是會捉襟見肘。事實上，一場大病就足以讓很多中產階級瞬間返貧。因此，錢在一定意義上，就代表著安全感。

譬如，好的公立學校太難考，於是很多人會認為，如果有花不完的錢，就可以讓孩子上私立幼稚園或者私立學校，甚至可以送他出國上更好的學校。

以上的窘境，似乎都是有了錢就能解決，因此大家就在想，能實現財務自由就好了。可是，如果真的實現了，生活會有什麼變化呢？在這個問題上，眾人的想像和實際情況，其實差別很大。在美國，對受薪階級的調查顯示，想像中財務自由帶來的好處，分別是以下這些（按照得分高低排列）：

一、選擇工作時，不太需要考慮薪水的因素。
二、去外國度假不用太考慮預算。
三、可以隨意為自己的愛好（如滑雪、攝影、打高爾夫球等）花錢，不用扭扭捏捏。
四、買車，甚至買雪地摩托車和遊艇可以一次付清，不用分期付款。
五、可以還清房貸。
六、可以在親友面前表現得很大方。

從這些願望可以看出，美國人理解的財務自由，其實不是有花不完的錢，更多的是一種安全感和自由。

那麼，獲得財務自由的人，他們的生活和之前比較，有什麼差別呢？很多投資銀行做了這方面的調查，總結下來主要有以下六點：

一、可以選擇自己想做的工作。這一點和上面的第一點有些相似。

二、可以自由支配時間。這一點其實是我覺得最重要的。但是，對於財務自由的人來說，他們每天工作的時間並沒有減少，這可能出乎很多人的想像。事實上，絕大部分財務自由的人幾乎都不會完全退休，巴菲特就是個很好的例子。

三、雖然有很多投資，但因為能低息拿到款項，所以還是會借錢，而不是一次性付清。事實上，財務自由的人帳算得都很精明。如果一筆錢的投資效益比還房貸、車貸高，那他們就不會為了痛快而選擇一次性支付。

四、財務都得到妥善的規劃，特別是做好了風險防範。

五、花更多的時間讀書、學習、冥想、回顧過去。

六、建構更好的社會關係。

不難看出，當一個人真的實現了財務自由後，他想要的東西，其實和以前有很大的差別。這是因為獲得財富後，會追求更高的目標，而不會滿足於不愁吃穿。然為了追求更高的目標，原先想像的、讓自己實現財務自由的那些錢，可能是不夠的。

那麼，財務自由的核心是什麼？各種調查顯示，最主要的是兩點：安全感和個人自由。換句話說，這是財務自由真正的目的。當一個人真正擁有安全感和個人自由，錢多錢少對生活品質和幸福水準的影響就不大了。

很多人覺得有錢就有安全感，或者有錢才能有安全感，這其實是一種誤解。有人為了獲得更多金錢而違法，最後反而失去了安全感，像那些在過去十幾年裡身家百億，如今卻在吃牢飯的人。而且，獲得安全感不僅要靠自己的努力，還要依賴國家和社會。

大家可能注意到，西歐和北歐有很多國家，中產階級其實薪資不多，但他們卻安全感十足，從不擔心明天的生活有沒有著落，這種安全感就是社會給予的。相反地，墨西哥、哥倫比亞等國的毒梟，雖然積攢的錢幾輩子都花不完，但他們總在擔心能不能見到明天的太陽。

財富自由真正的意義

如果安全感不是問題，那麼財務自由的真正意義，就在於個人自由。而獲得個人自由，又有兩個條件，一個是自身的條件，一個是社會的條件。

先說說自身的條件。我在清華大學當老師的時候，其實就擁有個人自由。雖然我當時錢賺不多，但是夠花，而且有盈餘。每天不用按照規定時間辦公，當然也不會天天曠工。在工作中，科研做什麼項目、怎麼做都由我自己決定，經費的使用也是。雖然我上頭有各級主管，但是從理論上講，大家都是教職員工，各做各的事，他們不時還會來聽取我們這些年輕人的意見。我唯一需要求人的，就是去申領科研經費。

當然，國家和企業的經費就在那裡，總會被人拿走，只要你做的不比同行差，就肯定能拿到。從這裡可以看出，如果真把追求自由作為目標，是不需要很多錢的。當然，我能獲得這些自由，是因為在我研究的細分領域，當時國內沒有人比我做得更好，而不是因為我有錢。最重要的是，我很樂意做我每天的工作。

再說說社會的條件。一個好的社會，要給大家創造各種機會，讓大家做自己喜歡的事情；同時，透過稅收調節，或者說二次分配，將一部分人的財富變相分給那些急需的人。形成這種環境後，我們就獲得了一定經濟上的自由。隨著社會的進步，大家工作的時間也會逐漸減少，從而獲得更多能夠自由支配的時間。而這種環境，需要眾人一起來營造。

與其指望透過賺更多錢來獲得自由，不如找到自己喜歡做的事，並且做得比同行更好一些，與大家共同打造出一個更優質的社會。當然，這裡有一個前提，就是要稍微約束一下自己的物質欲望，少去比較。

二〇一九年，我和馮侖（中國企業家）進行了一次對話。觀眾問我們，怎麼樣才能像你們一樣獲得財務自由？馮侖說，其實有多少錢都不夠花，因為人的欲望可以無限。世界上所有東西都有成本，只有欲望沒有成本。你可能會覺得有上億元的財富，這輩子就夠用了，但是當你真正擁有這麼多錢時，你會發現要花錢的地方很多，這些錢根本就不夠花。當然，對絕大部分辛苦存了半輩子錢，打算後半輩子享福的人來說，更大的風險是通貨膨脹，因為通貨膨脹會讓人們原先各種美好的預想很難實現。

對於這個問題，二〇二二年四月三十日，巴菲特和查理．蒙格（Charles T. Munger）在給投資者的報告中提及，應對通貨膨脹最有效的辦法，是提升自己的能力。到目前為止，最好的投資項目，就是能夠推動自我發展的東西。幾乎所有善於投資的人，都會贊同這個觀點。人自身的能力是自由的前提，也必將帶來財務自由。

理解了財務自由只是通向個人自由這個目的的手段，而非人一生努力的目標，我們就不必過得那麼累了，也就會在經濟和時間上對自己好一點。

相反地，如果一個人只想著賺錢，卻失去了自由，那生活也就沒有意義了。一個被判處無期徒刑的囚犯，顯然不需要為一輩子的吃穿發愁，但這樣的財務自由任何人都不想要。

08／避開這些陷阱再談創業

我在矽谷從事投資工作多年，經常會邀請某些行業內的成功人士舉辦講座，請他們將自己寶貴的經驗，無私分享給與會者，我覺得受益匪淺。雖然聽眾主要是創業者和初入職場的年輕人，但這些講座的內容，其實也適合其他任何人。在這之中，最值得一提的是投資人馬克．庫班（Mark Cuban）和心理學教授喬丹．彼得森（Jordan Peterson）的分享。

大學生創業失敗的三個原因

馬克．庫班是ＮＢＡ達拉斯獨行俠隊（原名小牛隊）的老闆，乃一名億萬富翁。當然，他的富有不是因為經營體育項目，而是肇因於他創辦了網路電台Broadcast.com，並且在一九九九年以五十七億美元的天價賣給了雅虎。作為一名IT（資訊科技）界的「老兵」和投資者，庫班自己也會輔導創業的年輕人。他曾經在分享中提過大學生創業失敗的三個原因。

第一，有的大學生創業者腦子裡有太多「傻問題」，自己卻又懶惰不去搞清楚。

「沒有傻問題，任何問題都是好問題」這句話很常見，以此鼓勵年輕人多問問題。但是，這並不意味著有好問題就該問人。很多簡單的、容易找到答案的問題，創業者最好還是主動一些，自己去找答案，而不是什麼都拿來問。庫班說，這樣做有兩個好處。

第一個好處是可以降低創業的成本。創業者會遇到很多問題，如果每個問題都去請教別人，成本是很高的。像是遇到了簡單的法務或者財務問題，你可以請兩個專家幫忙解決，也可以去問專業人士，但這都需要成本。對於那些創業者必須知道的基礎知識，你需要自己努力學習。只有碰上自己解決不了的問題，或者考量時間和精力不划算，才應該去請教別人，讓他們出手相助。

第二個好處是能形成主動學習、自行尋找答案的習慣，這比學到的知識本身更有意義。庫班說，他有時會遇到大學生問他某些在維基百科或者通識讀物中，就能找到答案的問題，對此他從不回答。因為他覺得，如果一個人連資料都懶得查，或者幾分鐘的影片都懶得看，那他永遠都成功不了。如商業稅的稅率是多少、哪些常見的企業支出能抵稅，這種簡單的問題在網路上搜尋就有答案，都應該自己搞清楚。

庫班強調，當一個人有了學習的習慣，學會自己鑽研和解決問題，他就擁有很強的適應性。這對創業者來說很重要，因為創業者所面臨的世界總是在變化。創業從來不是做你在腦子裡事先想好的東西，它本身就是一個學習的過程。我個人覺得，這一點對所有人都是適用的。即使不創業，沒有成本問題，養成主動尋找答案的習慣，也能讓你受益終身。

第二，沒有能力控制成本。

作為一個初創企業，要想和其他同行競爭，就必須具有成本優勢。看到這裡，一些創業者可能會問：我的企業那麼小，資源又很少，怎麼和大企業在成本上競爭呢？

很多人會說，我還年輕，請再給我一次機會。但庫班指出，講出這種話，說明你的思維還停留在校園裡，因為只有老師才會覺得你年輕，該照顧你，該給你機會，而市場不是這樣的。他說，你之所以創業，要嘛有技術，要嘛有方法可以降低做某件事的成本。如果沒有這些優勢，你為什麼要創業？

第三，準備不足，這是大學生創業者最大的問題。

通常，大學生在創業時不僅會低估難度，還會比已經涉足過職場的創業者忽視更多的問題。他們在學校需要自己解決的問題可能只有三五個，於是他們以為創業也許需要解決一百個問題，而一旦踏入社會，遇到的難題或許有上千個。更別說經常有意想不到的小麻煩會成為摧毀千里長堤的蟻穴，很多年輕的創業者面對這些問題就傻眼了。

當然，很多問題並不複雜，如果他們願意學習，自己動動手就能解決。但惱人的是，如果事先準備不足，當遇到某些問題時，就已經沒有時間去解決，畢竟創業需要分秒必爭。

而在那些經常被低估的問題中，最常見、最普遍的就是對市場不了解。有的人理解的市場只存在於自己的大腦中；有的人雖然大致知道是怎麼回事，卻不清楚細節，甚至連自己的競爭對手都一無所知。比如，當你看到一家企業在某個領域耕耘了五年甚至十年，卻只有百分之一的市占率，你會怎麼看待它？是覺得這家企業本事不夠，做得不好，你上就能行？還是會思考一下，這個市場可能比你想像得更複雜，你的點子其實別人都已經嘗試過了？

所謂「了解市場」，就需要你回答這樣的問題。你必須有所準備，否則，當發現自己所謂的創意，不過是被別人拋棄的失敗方案時，你會覺得自己的根基被完全動搖了，世界也變得一片黑暗。

庫班強調，大學生創業者之所以沒有行業裡的「老兵」那麼容易成功，這是一個很重要的原因。「老兵」只要平時留心，就能在無意間了解到市場很多細節。某些情況讓大學生創業者覺得特別新鮮，但對「老兵」來說，已經是常識了。

庫班這套分析不僅適用於理解創業本身，也可以幫助我們了解自己職業發展不順利的原因。像很多人雖然從事某項工作多年，卻不了解它的意義。這樣一來，他們自然無法懂得如何將這項工作做得更好。

分析完常見的失敗原因，庫班還給年輕人一個非常有價值、能獲得成功的建議——**永遠只依賴自己的核心競爭力，而不要把命運交給靠不住的各種因素。**你的學歷、同學關係、家庭背景、校友系統，在關鍵時刻可能都無法指望。

很多人覺得自己創業成功的條件，掌握在別人手裡。例如，期待有貴人，或是欣賞你的投資人。但是，如果你必須依賴掌握在別人手裡的先決條件才能成功，那大概是成功不了的。現實情況是，當你能夠做得比同行更好時，自然會有人來幫你。因此，當你找到自己的核心競爭力，並且將它發揮到極致時，別人就會看到，並且拉你一把。

聽了庫班的分享，我投資的那些創業者都很受啟發。他看似在「潑冷水」，其實是在提醒大家少走冤枉路，而且要重視自己的核心競爭力。當然，他講的這些觀點，最多是構成創業成功的必要條件，並不是充分條件。

對自己做的事負起責任

關於創業，多倫多大學心理學教授喬丹．彼得森，在一次直播講座中提到一個觀點，我覺得年輕人都要好好聽一聽、想一想。

彼得森教授說，**年輕人要想避免一事無成，關鍵是要對自己做的事情負起責任**。現在一些主流的想法不夠周全，過分強調興趣和快樂。這些會對年輕人產生不好的影響，像是不能對自己的工作和事業負起責任，遇到麻煩和痛苦就退卻，導致最後能得到的，也就是一些簡單而又廉價的快樂。

無法負起責任的人就像童話中的彼得・潘，是永遠都長不大的孩子。他們也許天真活潑、勇敢無畏，但也缺少目標和責任感。彼得森教授認為，今天很多年輕人以為再過幾年，自己自然就會成熟起來。但實際上，一個沒有責任感的人，永遠都不會成熟。

舉個例子。我見過最聰明的人是過去合作的一位下屬，從小讀書一路過關斬將，成績斐然，在整個谷歌，沒人比他更擅長解決各種智力難題。但是，他在工作方面卻一無所成，沒堅持幾年就被迫離開了。為什麼如此聰明，受過良好教育的他會是這個結局呢？其根本原因，甚至可能是唯一的原因，就是他對自己的事情不負責任。

例如，我曾經把一個專案交給他處理，但等項目完成要上線時，卻找不到這個人。原來他為了自己的業餘愛好，飛到了一千英里外的地方。於是，我不得不替他值班。後來，我又安排另一個專案給他，但他自始至終都沒有搞清楚用戶的需求，以至於對方不斷給出負面評價。後來我們了解到，每次收到用戶的負評，他都直接放進檔案夾，能不處理就不處理。

一年後，我的老闆建議是否可以幫他換一個組，因為組內同仁都知道他不喜歡擔責任，他也爽快地答應了。但在新的崗位上，他依然缺乏責任感，不久之後就離開了谷歌。雖然這個同事的情況有點特殊，但在工作中，真正能讓人放心交代事情的年輕人，真的不多。如果職場中有這樣的人，他們通常晉升的速度會非常快。

很多人會覺得，年輕時缺乏責任心並不奇怪，因為他們還不成熟，等他們成熟之後，就有責任心了。事實上，很多人成熟的速度，永遠跟不上年齡增長的速度。

有的人在三十歲時，能夠憑藉一些經驗應付二十歲時的問題，比如對老闆交代的工作負責，但卻應付不了三十歲的問題，比如對家庭負責。等到了四十歲，能夠應付三十歲的問題，比如對配偶負責，但此時很可能又有更大的責任要承擔了。從表面上看，三十歲的他們比二十歲時「成熟」，四十歲的他們也比三十歲時「成熟」了，實際上卻永遠慢了世界一拍。

我請我們投資的那些年輕人，都去聽彼得森教授的講座，然後開玩笑地對他們說，你們要對我們的投資負起責任。當然，更重要的是對自己的人生負起責任。

我將上述關於創業的建議總結成以下幾點：

一、養成學習的習慣；

二、培養核心競爭力；

三、遇事多做準備；

四、對自己的人生負責。

其實這幾點不只適用於創業者，也適用於每一個對自己有要求的人。如果你能做到這幾點，那無論是自己創業還是從事其他工作，成功的機率都會高很多。

本章重點總覽

- 下班後的生活，決定未來的職業發展速度。
- 一個人的眼睛往哪裡看，他就會慢慢成為什麼樣的人。
- 專注自己，不要操不該操的心。
- 那些所謂的成功捷徑，只不過是有人十年挖了一口井，而大部分是一年挖了幾百個坑。
- 學會時刻保持與自己和解的心態。

To Be the Master of the World

把自己當成世界的主人

尼采的一個核心哲學思想是「主人—奴隸道德說」。而其中的「主人」和「奴隸」，不是一般意義上的那兩種對象，而是有特別的哲學含義。所謂主人，不一定要有錢和很高的社會地位。只要他們自我肯定、主動並且為自己的成績而自豪，就算是哲學意義上的主人。相反地，那些被動、相信宿命、自我否定的人，即便位高權重，也是奴隸。儘管尼采也肯定了奴隸道德中的精神力量，但是他更讚許主人道德所展現出來的各種品格，即思想開闊、勇敢、誠實和守信。人的一生中總不免遇到很多麻煩和不如意的事情，用主人道德要求自己，把自己當成世界的主人，是解決這些問題的根本途徑。

這一章，我們就從一個大家都會遇到的問題談起。

02

09 ／ 考試，是獲取回饋和動力的重要途徑

我們經常會聽到有人說，某個人是靠應試教育培養出來的，不善於解決具體問題。也有些人認為，為了培養孩子解決具體問題的能力，最好是取消考試。今天持這種觀點的人還不少。那麼，考試真的沒有意義嗎？或者說，如果取消了考試，會失去什麼？二十多年前，谷歌公司用實際行動告訴大家，考試還是有意義的。

為什麼谷歌招聘以績點為標準？

那時，美國公司的招聘還沒有太考慮政治正確的因素，基本上是以才能作為唯一標準。而衡量一個人才能的指標之一，就是他在大學裡的GPA（Grade Point Average，學業成績平均點數，即等第制）（註2-1）。招聘方一般會要求應徵者告知自己在大學的GPA，不僅對應屆畢業生如此，對已畢業者，甚至是畢業二十年、成績單都找不到的人也如此。

如果一個人的GPA在A-（三．七）以下，HR（人力資源）就會在他的簡歷上寫一個紅色的A。外人看了可能還以為這表示要被優先考慮呢！其實是已經被放到了另冊中。雖然HR還有可能會邀請他參加面試，但錄用的可能性微乎其微。

谷歌對這種做法給了一個解釋。首先，它認為GPA不夠高的人，在念書時沒有責任心。

註

2-1 A＝4，B＝3，C＝2，D＝1，不及格是0。

因為作為學生，好好學習是最基本的要求，這個要求都沒有達到，顯然就無法得出相應的「人有責任心」的結論。

其次，GPA可以衡量一個人是否有學到專業知識，GPA高不等於把知識學好了，但GPA低肯定學得有問題。當然，還有一個谷歌內部人士都知道，但不往外說的理由——GPA其實和智力水準正相關。我在「得到」App的專欄《矽谷來信2》中說過，發明電晶體的科學家威廉．夏克立（William Shockley）考察人才的方法，就是看誰聰明。這個方法微軟和谷歌都用過，非常有效。

當然，有人可能會挑戰谷歌的做法，認為各個大學打分數的標準不同，GPA不具有比較性。這一點你可以放心，谷歌會這麼做，自然是想到了調整的辦法。例如，它把加州理工學院畢業生的GPA錄取標準降到了三．〇，也就是A的水準。至於麻省理工學院，雖然GPA滿分是五．〇，但谷歌依然採用三．七的分數線，相當於把標準降到了B-。這是考慮到麻省理工學院的課比較難學的緣故。

再如，史丹佛大學GPA的天花板其實是四．三，不是四．〇，因此三．七的GPA不難達到。至於從其他大學畢業的人，可能未必好意思和這三所大學的畢業生相比，被要求有高一點的GPA也只能接受了。

谷歌這樣做的效果怎麼樣呢？答案是非常好。在開始的前十年裡，其招收的員工被大學公認為是在學校裡表現最好的，以至於美國各個大學的電腦科學系（Computer Science，亦可譯為「資訊科學系」），私下裡會以每年有多少學生能進入谷歌，作為教學品質的排名標準。而那些進入谷歌公司的人，日後也都很有發展。可見，雖然應試教育不一定能培養出具有創造性的人才，但是在考試中表現傑出者，綜合能力應該就差不到哪裡去。當然，後來因為政治正確的原因，谷歌至少表面上不再要求應徵者提供GPA，員工的表現和他之前學業水準之間的關係，也就很難衡量了。

為什麼考試是必要的？

為什麼考試是必要的？因為它可以告訴我們，自己是否掌握了某項基礎知識，如果沒有掌握好，欠缺又在哪裡。若是沒有考試，不僅大家會學得馬馬虎虎，還會有很多人根本就不學習。我之所以敢下這麼肯定的結論，是因為我有過這樣的經歷。

我的小學是在清華大學綿陽分校的子弟小學念的。從名字就可以看出，這所小學的學生都是大學老師的孩子，按理說大家的家庭條件和智力水準應該都差不多。那時考試不像現在這麼頻繁，一學期只有一次期末考。平時老師會在大家的作業簿上，寫下「優」「良」「中」「差」的評語，並且把答錯的問題指出來。因此，雖然當時的考試壓力並不大，但是同學們對自己學得好不好還是大致清楚的。

我們在小學一年級時參加了一次考試，我至今都不知道成績，因為還沒有公布，學校就告知以後不許再有考試了。我一直很好奇那次考了多少分，但或許這輩子都無法知曉了。接下來我參加的第二次考試，是在小學四年級下學期，這中間的三年半裡，都沒有考過試。

講到這裡，今天被考試壓得喘不過氣來的學生可能會羨慕我們，覺得我們很幸福。但先別急著羨慕，因為很多人之後的命運，都不是自己想要的。

這麼長時間沒有考試，即便老師再苦口婆心地勸大家學習，也有很多人就是不念書。所幸老師依然認真教學，依然會出作業，依然會在課堂上給大家聽寫生字，因此包括我在內的不少學生，才沒有把學業落下。

但是，有一位同學給我的印象很深。每次上課，老師會在黑板上寫上第幾課，然後開始聽寫生字，但她交上去的作業簿，總是只有「第X課」那三個字。後來我們換了一位老師，新老師不在黑板上寫「第X課」這幾個字了，她就開始交白卷。

因為沒有考試，這個同學就一直跟著我們升級。直到在四年級下學期要升五年級時恢復了考試，她三門課（數學、語文和自然常識）的考試交了三張白卷，學校不得不為她找一個合適的年級插班。校方請她把一年級到三年級的試題都做了一遍，最後發現她只有一年級的考卷有及格，於是把她插到了二年級。

還有一些學生，雖然在考試中的表現沒有那麼差，但也被留級了。不過，也是在那次考試中，班上好幾個人數學都考了滿分，成績最好的一位同學三科全是滿分。可見沒了考試這個有效的回饋機制，大家的差距會有多大。

當時初中是就近入學，大家無論表現好壞，總有學校可念。但那幾位留級的同學，有的最終只讀完了初中，有的甚至連初中都沒畢業。而同一個班上，超過兩成的同學後來上了清華或者北大。現在想起來，很多人其實是成為取消考試的受害者。

沒有考試，不僅難以知道自己學習的成效，甚至會乾脆不學了。不要說中小學生不懂學習知識的道理，才會放棄學習，就算是成年人，也未必能做到自覺學習。即使曾經學了，後來沒有考核，通常也會將知識荒廢掉。

舉個例子，一九七七年年底，中國恢復高考制度（高等學校入學考試），我父母的一些同事參加了閱卷和隨後的招生。據他們所言，當時各省市的考卷，有的滿分是四百分，有的滿分是五百分，而大部分考生的總成績只有一、二十分。你沒有看錯，不是一科考一、二十分，而是總分就這麼低；不是其中的學生如此，而是多數的學生。這其實很正常，沒有考試的壓力，絕大部分人都是會懶惰的，然後很快就把之前學的那點東西忘光了。

如果經常看綜藝節目，你可能會發現，有些明星已經連基本的四則運算都不會做了，而他們當年也是一路學過來的。例如我有一次看美國一檔綜藝節目，一位從常春藤名校畢業的政治明星，居然把「四百零八＋四十八」算成了四千四百一十六。可見沒有考試，人們曾經擁有的知識也會失去。

當然，有人可能會說，沒有考試，就算孩子不懂事，有知識的家長也會督促孩子學習的。但我的經歷告訴我，有這樣負責任的家長，也會有讓孩子完全「放牛吃草」的家長，否則就無法解釋，為什麼我的同學中有些人連初中都沒讀完。

在美國，公立中小學並沒有對學生放任自流，但很多學校對學生的考核並不嚴格，於是同一所學校裡，學生之間的差距大得可怕。現在有不少學校則走到了另一個極端，考試太多，學生壓力太大。但是我們必須看到，當學校裡有很多的考試，學生雖然會辛苦一些，但不容易掉隊；當學校秉承「快樂學習」的原則來教學，完全不在乎考試成績，學生中依然會有學霸，但人與人之間的差距也可能會拉得很大，就像我小學時的班級和今天美國的公立中小學。因此，考試正面、積極的意義，要遠遠大於它的副作用。

為什麼一定要給自己設置KPI？

今天，人們要面對的考試，不僅有學校裡那種筆試和口試，還有單位裡的KPI（Key Performance Indicators，關鍵績效指標）。在一個單位，如果凡事都用KPI衡量，那大家一定是短視的，這個單位也難以完成具有創造力的工作。但是如果沒有KPI，吃「大鍋飯」，就一定會有很多人在混日子，情況會變得更糟糕。

我父母那一代人在四五十歲之前，工作是沒有KPI的，做得好做得不好都一樣，全靠自覺。結果就是一個單位裡，認真工作並且能做出成就的人，基本連四分之一都不到。我認識的一些叔叔阿姨，當年也算超級學霸，否則也無法在那個年代考入清華，但他們之中，居然有很多人畢業二十年，都沒有一項能拿得手的科研成果。後來，各個大學都對老師發表論文的數量和品質、科研經費的數額、獲獎的數量有了明確的要求，混日子的人便不見了，而這些要求其實就是為他們制訂的KPI。

我上小學的時候，暑假經常去我父母的實驗室，那些叔叔阿姨總是喜歡拿一些智力題來考我、逗我玩，一玩就是大半天，因為他們毫無緊迫感。等到我中學時再去實驗室，他們就只能和我打個招呼，再也不會拿智力題來逗我玩了，因為他們忙得很，有好多事情要做。

很多人覺得，考試讓學生失去了創造力，這也是一種誤解。一位讀者朋友曾經分享給我一些資料：二〇〇九年，經濟合作暨發展組織（OECD）做了一項研究，調查世界各地的學生花在家庭作業上的時間，對象是那些參加了國際學生能力評量計畫（PISA）考試的十五歲中學生。你可能也聽說過這個考試，看到過上海學生在這個考試中考第一的新聞。

調查結果顯示，這些國家十五歲中學生，平均每周花在家庭作業上的時間是四．九個小時。其中，芬蘭最少，每周二．八小時；韓國其次，每周二．九小時；美國排在倒數第六，每周六．二小時；俄羅斯排第二，每周九．七小時；排在第一的是中國，每周十三．八小時。

這位讀者朋友是想透過這些資料，說明中國的孩子課業負擔太重，但我無法確認這個統計資料是否合理。因為據我所知，在美國，十五歲（九年級或十年級）的學生每周做功課的時間可不少，特別是讀私立學校的。在我的印象中，我的兩個孩子自從進了高中，每周做功課的時間恐怕也有二十個小時。雖然有的學校功課很輕鬆，但它們的教學品質肯定好不了，所以大家也不會去和那種學校做比較。

至於韓國，雖然普通高中留的作業不算多，但是韓國高考（大學修學能力試驗）的競爭激烈程度可是世界聞名的。但凡一個中學生想上好一點的大學，就需要參加補習。如果不是SKY（天空聯盟），即首爾大學（Seoul National University）、高麗大學（Korea University）和延世大學（Yonsei University）的畢業生，就完全沒有機會在韓國當上政要、大公司的經理或者進入醫學界和法律界。也就是說，他們比中國更看重學歷。

根據我對歐美、日韓和中國的教育界及工業界的了解，考試負擔和創新能力沒有直接的關聯。過多的考試不會對創造力產生多大的幫助，沒有考試也不會提升創造力。

除了檢驗自己是否掌握了知識，從小參加考試，還能培養終身學習的習慣，以便於我們在將來沒有考試時，依然會自主學習。前面說到一九七七年中國恢復高考制度時，大部分考生的總分只有一、二十分，但也有一些人在農村插隊（知識青年安插在農村生產隊接受再教育）時堅持學習，後來考上了名校。

我的一位中學老師就是這樣考上清華。這個老師一直以亦師亦友的態度對待我們。他說，一九六八年他高中畢業，去了北京最偏遠的郊區縣插隊。當時從那裡回一趟家，單程需要兩天的時間。插隊的生活非常艱苦，白天的勞動強度很大，到了晚上，絕大部分人馬上就躺平了。但我這位老師一直沒有荒廢學業，因此十年後，當初一起插隊的人，早就把所學的基礎知識都忘光了，他還能考上清華。

我在國內時，有一位老闆也是這樣的人。他對電腦技術非常了解，讓我很吃驚，因為我在大學時經常利用暑期做社會調查，知道大國企和部委機關裡的幹部們，其專業水準有多高。後來，這位老闆告訴我他的經歷。

他比我大十六、七歲，在二十世紀六〇年代末，從北京去大西北插隊。去的時候，自然沒想到要帶書去讀，而且當時家裡的課本早就扔了。但是，在學校不斷參加考試讓他養成了要讀點書、看看自己會不會做題的習慣。於是，他在當地縣城的廢品收購站，五分錢、一毛錢一本地把沒人要的教科書蒐集了一些。他當時並不知道未來會恢復高考，只是習慣每天在農忙完畢，點著油燈看幾頁書。十年之後，他考上了西安交通大學。而和他一起插隊的人，雖然後來都返城了，但絕大部分也和「有知識」這三個字無緣。

天生就能不斷激勵自己終身學習的人很少。大部分人最開始學習都是被形勢所迫，不得不為，特別是學校有考試，自己不想落在別人後面，於是被這種壓力逼著讀書。雖然開始有些不情願，但是想到可能會考試不及格，浪費之前一年的努力，只好硬著頭皮學習。在這個過程中，大部分人會慢慢養成主動學習的習慣，以後不僅是學習，做任何事情都會由被動變為主動。

——

對絕大部分人來說，沒有考試、不留作業其實未必是件好事。從表面上看，好像學校裡不存在競爭，但從教育的結果來看，人和人之間的差距一定會拉大。這不僅是因為沒有了督促，人會缺乏努力的動機，也是因為沒有了回饋，人會不知道自己的問題和弱點在哪裡，即使想進步也無從入手。

不僅在學校如此，在工作場所也是如此。對大部分人來說，KPI或其他衡量工作表現的工具也是一種考試。雖然它們會給人帶來壓力，但是從結果論，也能幫人高效完成工作，提高能力。當然，若人的自覺性高到一定程度之後，這類考察可能就不再重要了，因為那些人不僅可以自我驅動，還可以自己找其他回饋。但是在養成習慣的過程中，各種形式的考試還是很有益的。

10／人生，是一次次沒有監考的考試

但凡上學，必有考試，否則無法驗證學習的效果，可能學錯了也不自知。而但凡有考試，就一定有作弊，且這件事上千年來屢禁不止。原因很簡單，那就是從表面上來看，作弊似乎可以讓人在短期內獲得巨大的利益。那麼，作弊是因為違反道德而被禁止的嗎？其實不僅僅是因為這一點，更是因為它有時不僅無法帶來利益，甚至會損害自己的利益。

人生的考試沒有監考

在我的印象中，今天對作弊者的處罰比過去更嚴。一個重要的原因，是今天作弊的工具太多了，作弊經驗在網路上傳播得也很快，如果不加重處罰力度，這種現象就會氾濫成災。

我讀大學時，作弊方式通常就是夾帶小抄或者東張西望。那時，期中或期末考試，一個大考場有一兩位老師監考就夠了。

到我在大學當老師的時候，作弊工具就很多了，手段也五花八門，有些甚至匪夷所思。像是有女生在大腿上寫滿了字；男生大熱天穿著長袖襯衫，在上面用螢光墨水抄了一堆公式；還有長頭髮的女生或男生戴著耳機和外界聯繫，等等。這時，一個考場往往需要三四位老師監考，再加上處罰比過去嚴很多，才算止住了作弊之風。

到了美國之後，我發現這裡的考試監考很鬆，原因是他們秉持「無罪推定」原則，即一開始總是相信人是誠實的。但是，美國大學對作弊的處罰比中國嚴得多，一經發現，立馬開除，不給第二次機會，因此大部分人都不敢作弊。此外，美國大學的成績不是由一次考試決定的，而是包括作業、實驗、論文等多方面，因此考試作弊的必要性也不大。

早些年，中國留學生到了美國，十分享受這種相互信任的環境，也非常自覺，極少作弊，口碑很好。不過近年來，由於留美學生數量迅速增加，水準參差不齊，出現了很多作弊現象。二〇一五年，《新聞週刊週刊》轉述一個留學生教育機構發布的報告說，二〇一三至二〇一五年，被開除的中國留學生可能超過八千人。根據他們對一千六百五十七名被開除學生的調查，發現其中四分之一是因為作弊。這在美國大學的歷史上非常罕見。

當然，有人可能會說，學校監考為什麼不嚴格一點，讓學生不敢作弊呢？可能是因為這樣的做法不符合美國的習俗。學生到了美國只能入鄉隨俗，享受信任，同時也要承擔失去信任的後果。

很多人覺得，作弊者是因為擔心考試過不了，橫豎都是個「死」才去作弊的。但事實上，作弊和學習成績好壞沒什麼關係。在被開除的作弊學生中，很多人其實學得還不錯，只不過他們想花很少的時間，獲得不屬於自己的東西。再說了，哈佛大學的學生應該算學霸了吧？他們之中，照樣有不少因為作弊被開除的。

二〇一二年，哈佛大學發生了校史上最大的作弊醜聞。事件的起因，是學校有一門行政管理課程，名為「國會導論」，這門課的期末考試是開卷形式，學生把試卷拿回家自己做（註2-2）。結果班上二百七十九名學生，有一百二十五名因為答案過於相似而被調查。調查結果哈佛並未公布，只說被調查的學生中，大部分都被勒令退學。有人估計，被勒令退學的學生超過被調查人數的七成。

看到哈佛大學的處理方式，有人會覺得很公平，也有人會覺得應該給那些初犯的人第二次機會。有些人說，既然知道學生們可能會私下討論，為什麼不改成閉卷考試呢？但換個角度想一想，人生其實不只一次考試，走出學校後，每個人都要經歷很多沒有監考的考試，因此必須習慣於在沒有監督的情況下，依然能夠不作弊。

可以說，要求學生不作弊，不僅涉及道德問題，也是教育學生要以主人的態度學習、成長，以及解決將來工作和生活中的問題。相反地，人一旦養成作弊的習慣，凡事就難以百分之百地盡力了；稍微遇到一點難事，就會忍不住把心思放在投機取巧上。當我們走出校門、開始工作後，每一項任務都是一次考試，能否及格就是看本事，作弊也沒有用。在此基礎上，能否做到優秀，就要看這個人有多努力。

大部分作弊的習慣都是在校園養成的，因此學校必須擔負起糾正的責任。如果一個人在學校，常常靠作弊獲得與他人同樣的成績，那麼，他努力的程度一定比不上其他人，也一定無法養成努力的習慣。但凡負責任的學校，都要讓學生明白，這種自欺欺人的人生是沒有意義的。

此外，學校還要讓學生了解，作弊帶來的收益和損失是不成比例的，讓他們從此斷了作弊的念想。這樣，學生將來變成老師，才不至於學術造假；到了工業界，才不至於生產製造偽劣產品，以次充好；到了金融界，才不至於詐騙他人錢財。

在處罰作弊上，美國大學的處理方式都和哈佛差不多。我在約翰．霍普金斯大學讀書時，應用數學系就有一位博士生，在一次開卷考試中，「碰巧」在系裡電腦系統中、那位開課教授的目錄下，找到考試的答案，然後抄了上去，於是學校把他開除了。這位博士生辯解道，教授並沒有把考試答案，設定為其他人不可讀。學校給的理由是，教授把答案放在那

註

2-2　美國很多大學都有這樣的考試，學生把試卷拿回家做，一兩天後交卷，答題時可以看參考書，但是不能討論。

裡，不等於你就可以讀。這就如同到超市買東西，商品都在貨架上擺著，但不等於你可以拿了就走。在對作弊者的態度上，我很贊同不給第二次機會的做法，以免有人心存僥倖。

至於美國的大學，為什麼不採取閉卷考試的方式，也是有原因的。因為有時間限制，閉卷考試通常只能考一些死記硬背的東西，可是工作之後，面對更多的其實是開卷考試——在能夠查閱資料、獨立獲取資訊的基礎上，看一個人能否解決問題。在我的印象中，我在美國上的十多門課裡，採取閉卷考試的不到三分之一。

說完學校的情況，那家長對作弊又是怎樣的態度呢？從對社會的觀察來看，有不少家長一方面憤恨於別的孩子作弊，搶了自己孩子的機會，另一方面卻又對自家孩子非常縱容。甚至有的家長，還會採取不正當方式，讓孩子輕鬆獲得本來必須透過努力才能獲得的東西。

望子成龍的出發點是好的，但父母不能幫孩子活一輩子。更何況，如果父母真的有本事，自己就能成為龍，何必還要把希望全部寄託在孩子身上呢？家長必須明白一點：孩子只有在不作弊的情況下超越自己，才有可能真的成龍。

作弊現象屢禁不止，社會在一定程度上也充當了助燃劑的角色。各種重要考試開始之前，常常會出現販售考題、賣答案的新聞，甚至還有閱卷人受賄的事情。這樣都助長了那些心存僥倖、渴望不勞而獲的考生之作弊行為。因此，要杜絕作弊，只靠教育學生是不夠的，還要靠全社會的矯正。

靠作弊成就的人生絕對走不遠

從表面上看，作弊能讓人快速獲得利益，實際上卻對人有害無益，靠作弊成就的人生也絕對走不遠。這就如同攀登聖母峰，如果用直升機直接把人送上去，他會無法適應稀薄的空氣，活不過半小時。

人的一生要靠一點點努力、試錯、糾正，然後才可能得到真實的答案。在這個過程中，人的本事才會得到提高。我們一生中遇到的很多事情，都是沒有現成答案的，需要自身去尋找。如果靠作弊，將一個所謂的答案抄上去，那就像電影《楚門的世界》中的楚門一樣，自己或許能陶醉其中，但得到的終究只是虛幻。不同的是，楚門是被別人欺騙，作弊卻是自己欺騙自己。

對社會而言，作弊的危害就更嚴重了。如果作弊成風，社會就不可能進步，也不可能有新的發現，因為遇到問題時，習慣作弊的人不會想要解決問題，只會試圖透過欺騙掩蓋問題。歷史上，蘇聯生物學家李森科（T. D. Lysenko）就是一個作弊者。當實踐證明他的理論出錯時，他不僅沒有正視自己的錯誤，反而篡改實驗結果，甚至動用政治力量打擊反對者。結果，蘇聯生物學和農學的發展遭遇了滅頂之災，遺傳學則一下子落後了世界數十年。

同時代的奧地利物理學家莉澤・邁特納（Lise Meitner），就和李森科形成鮮明的對比。她最早發現核分裂現象，但是在計算其殘留物時，發現分裂之後剩餘物質的質量，和分裂前的質量有一點點對不上。只要篡改一小部分數據，這兩者就能吻合了，但邁特納並沒有這麼做，而是努力找到原因——那一點點微小、丟失的質量，是變成了能量。這不僅證實了愛因斯坦的質能方程（$E = mc^2$），還為原子彈和原子能的應用打下理論基礎。

在邁特納之前，化學之父拉瓦錫提出了氧化學說，物理學家焦耳發現了能量守恆定律，這些都是因為他們正視了實驗測量和理論資料之間的微小差異。在邁特納之後，天文學家亞當・黎斯（Adam Riess）發現了暗能量的存在，這也是源自他發現測量出的宇宙膨脹速度，與過去理論預測的不一致。如果這些人作弊，把實驗資料修改成「符合理論」的樣子，也就不可能有那些改變世界的發現了。

如果我們只是在道德上要求每個人都從良心出發，不要作弊，未必能完全制止作弊行為。但如果每個人都能意識到，作弊其實會損害自身的長遠利益，透過作弊去追求利益，往往會適得其反，那作弊也許就能得到更有效的遏制。

——

從表面上看，考試作弊只是教育領域一個不太光彩的話題。但如果在教育階段處理不好作弊的問題，社會上欺詐的現象就可能愈演愈烈，學術造假就會屢禁不止，科學領域也更難以出現重大的發現。只有真正理解作弊這件事的危害，我們才能領悟到透過努力達成目標的重要性。

11／爲什麼有人既聰明又努力，依然過不好這一生

這個話題說起來可能會讓人感慨，也會令一些人惆悵，但確實有很多人既聰明又努力，卻過不好自己的一生。

我最初開始思考這個問題，源於二〇一四年書寫《大學之路》一書時的發現。為了寫書，我花了一些時間了解身邊各種人的個人能力、受教育程度與生活、事業發展之間的關係。發現這種現象非常普遍。比如我的中學和大學同學，他們當初和後來的努力程度、成績的好壞、所上學校的優劣，與之後事業的成功與否，幾乎沒有什麼關聯，與他們個人幸福度的相關性就更小了。特別是有相當一部分人，當時都上了清華或北大，可以說是既聰明又努力，生活習慣也好，但他們後來的發展，卻遠遠沒有達到自己的期望，甚至可以用「不如意」來形容。

當時，新東方教育科技集團總裁俞敏洪幫我推廣《大學之路》，我們一起做了不少節目，直接進行過很多交流。他說自己也注意到了這個現象。此後，我就專門與中美兩國的很多教育工作者，一同探討這個問題。我把對這個問題的研究發現，結合教育工作者的補充，概括成為以下五個要點。

要點一：在學校時成功，不等於人生也會成功

人們常常會有一個誤解，就是把在學校時的成功，和日後整個人生的成功，畫上等號，或者在兩者之間建立起因果關係，並且在日後仍然按照過去成功的方式努力。但實際上，學校的教育有很多局限性，不僅讓學生在某些方面，如同理心、意志力和創造力的培養上，有嚴重的欠缺，還誤導了學生們努力的方向。這裡有兩點應該特別引起大家的注意。

首先，絕大部分學校的教育方式，都深受洪堡體系影響，而且目前依然遵循。關於洪堡體系（註2-3），簡而言之，就是它能迅速培養一大批畢業後就能做事的標準化人才。在一

個國家工業化崛起的時候，這種教育體系是必要的，而且效果非常好。但隨著時代不斷的演進，社會開始需要多種多樣的人才了。然今天學校教授給學生的內容太少，雖然某些專業課程可能講得比較深，但有些簡單的基本技能，很多大學畢業生居然都沒有掌握。

幾年前，郄小虎還在負責Google的上海工程師團隊。他有一次說，行政助理（即高級祕書）不好找。我說，中國人那麼多，找個行政助理有什麼困難的？他說，按照公司的要求，這個人需要能和美國的同事用英語流暢地溝通，所以托福的成績要很高。但徵才的時候發現，往往考得過托福的不會訂機票，會訂機票的考不過托福。他這麼一說我就明白了，因為我的祕書在幫我訂機票這件事上，也練習了兩三個月，才讓我完全滿意。好的祕書不需要向老闆問太多訂票細節，就能把行程安排妥當，這其實不是表面上那麼機械的工作。實際上，在工作中比訂機票更重要的技能，恐怕都不只一百個，但學校卻不會教這些。

其次，我們都知道每個人的特長差別是很大的，譬如小張擅長長跑，小王唱歌好聽，小李很會察言觀色，等等。但是，一個學生各科的成績，通常不會差距那麼大。優秀學生可能每科都在九十分以上，中上學生可能每科都是八十五至九十分，中等學生每科則大概在八十分上下。照理說，如果自然發展，應該一門課的成績有的是九十幾分，有的則是四五十分，因為人不可能各個方面都很擅長。但現在，我們看到大部分學生似乎都沒有特別的短板，只能說是教育把學生塑造成這個樣子，看似沒有短板，其實也埋沒了特長。

我們平時說的「既聰明又努力」，通常都是以學校的標準來衡量的，但生活中用的卻不是這個標準。把好幾件事都做成半吊子，不如做好一件事。遺憾的是，學校的教育並沒有告訴大家這一點。

要點二：走出小圈子，才能獲得更多經驗和閱歷

很多既聰明又努力的人，很容易把自己限制在現有的、固定的朋友圈中。在這個朋友

註

2-3 威廉．馮．洪堡（Wilhelm von Humboldt）是德國的教育改革家，《大學之路》一書對洪堡體系有專門的介紹，如果想了解，可以參考該書。

圈裡，大家都知根知底，彼此非常信任，於是相處起來都覺得很舒服。但問題是，在這樣的朋友圈裡，大家的想法太相似了，思想觀念、思維方式都是固化的。如果一個人幾十年都在同樣的圈圈中轉來轉去，完全沒有意願走出去，那對他的發展必然沒有好處。

幾十年來，我遇到過很多比我聰明、成績比我好的人，他們幾十年都在同一個領域工作，按理說應該很有成就才對。但實際上，他們取得的成就，和他們的年齡、所受教育、工作經歷以及個人聰明程度遠不相配。其中很重要的原因之一，是他們一直在固定的範圍內打轉，有的人甚至幾十年的生活，都不超出一個城市的範圍。

他們當中也有出過國的人，有的甚至比我出國更早，但他們即使身體離開了故鄉，心也還在原來那個小圈子裡。有人出國兩三年後，又一頭鑽回原來的圈子，回到過去的生活軌跡中。這種現象在如今的年輕留學生中，也非常普遍。

人要想獲得更多的社會經驗和閱歷，就要接觸不同的人，了解他人的智慧、想法、生活方式和生活軌跡，再把這些融入自己的生命之中。英國經驗主義哲學的創始人培根，在其隨筆中提到了透過旅行與人交往、增加自己見識的重要性。他在《論遠遊》一篇中就開宗明義地指出：「遠遊於年少者乃教育之一部分，於年長者則為經驗之一部分。」

培根認為，遠行「與其說是去旅遊，不如說是去求學」。出門前要事先做好準備，這樣到了國外「有何事當看，有何人當交，有何等運動可習，或有何等學問可得」，心裡就有數了，否則就「猶如霧中看花，雖遠遊他邦但所見甚少」。作為經驗主義哲學的代表人物，培根非常看重經驗對人認知的重要性，而經驗在很大程度上來自閱歷。如果一個人原本有很多機會見識世界、結交他人，卻因為自己在思維上的惰性而囿於小圈子，實在可惜。

而所接觸到的各種人，不一定每一個都比我們強，但他們在一起，一定會全方位超越我們自身。他們會給帶來新思維、新觀念，甚至新的發展機會。

要點三：順利和優勢可能會耽誤人

當一個人被認定為既聰明又努力之後，他也會認為自己是天之驕子，覺得接下來成功是理所當然的，而一旦遭遇挫折，他就會認為社會對自己不公。在發展的早期，那些既聰明又努力的人，收穫和付出通常是成正比的，但後來卻可能不再成正比。這其實是普遍現象，但很多人卻不認同。為什麼會這樣呢？

其實，人在學生時代，努力和收穫能夠成正比，是因為他們被身邊的人，保護在一個平穩的環境中。很多所謂的好學生，都是被老師和家長「餵養」大的，他們的成長過程一帆風順，很少遇到挫折，順順利利就能達成學業目標，甚至畢業後也可以不參加競爭，就獲得一份收入還不錯的穩定工作。所以在這種平穩的環境中，似乎努力和收穫能夠成正比。

那為什麼後來成就又不能成正比了呢？因為他們進入了真實的世界，而真實的世界對人的要求是複雜多樣的，很多能力又是學校不會教的。

像是學校不會教你如何從戰略上進行思考，不會教你如何塑造自己的思維方式，不會教你如何看待命運和運氣，不會教你如何進行嘗試，不會教你如何經受住挫折的考驗，不會教你如何控制風險，更不會教你如何戀愛、結婚。

結果就是，很多從平穩環境中出來的人，到了三十歲就能一眼看到自己退休時的樣子，不會變得太差，但也好不到哪裡去。更糟糕的是，即使對現狀不滿意，他們也沒有能力去改變。由於從小缺乏受挫的經歷，也不知道自己的極限在哪裡，因而不知道接下來該如何選擇，也就無法到達更高的階梯。他們不是不願意冒險，而是不知道該如何冒險，也不知道哪些險該冒，哪些險該防範。

要點四：做決定時不夠果斷

和不善於承擔風險相關聯的，是做決定時不夠果斷。一般來說，人都想做出正確的決定，聰明人更是如此。他們不能接受錯誤的決定，就如同不能接受考卷上的「X」一樣。但生活中的決定並非只有對錯兩種，即使看似做出了正確的決定，也難講以後結果好不好，反之亦然。害怕做錯決定，讓他們花了太多時間糾結。

做任何事都是有成本的，做決定時反覆比較看似是一種謹慎的做法，但實際上，這種費時間、花精力的謹慎是有成本的。如果不同的決定對結果影響很大，那花點時間和精力或許是值得的；如果選A和選B的結果差不多，就不要把時間和精力虛擲在糾結上了。

凡事都要講究平衡，如果精挑細選所帶來的收益，還比不上它的成本，就是失去了平衡。更何況，很多時候花一個小時、一天或者一個月做出來的決定，很難說哪個就更好。但花一個月做決定，就意味著浪費了一個月的時間。

很多既聰明又努力的人因為天賦高、機會多，面臨的選擇也多，要做決定的次數更是特別多。加上對自己的期望值很高，他們每次做決定時浪費的時間就可能無法計算，結果生命就都在「做選擇」上虛度了。

我認識不少成功的農民企業家，他們大部分的學歷並不高，對自己的期望值沒有那麼高，需要做決定的機會也不多，但從不糾結。當然，這其中也有失敗的案例，但是成功的案例相當多。究其原因，我認為是他們在做具體事情上花的時間更多，而不是把時間花在「做決定」上。

要點五：有限的經驗很難總結出普適的規律

人是一種善於總結經驗的動物。

但是，在總結經驗時容易有個迷思，喜歡用不完全歸納法，試圖從有限的經驗中，總結出並不存在的普適規律。你可能聽說過火雞悖論，說的是養火雞的人每天準時出現在雞窩前給火雞餵食，久而久之，火雞就歸納出了一個結論——主人的出現意味著有吃的。

這個規律是否成立呢？火雞驗證了一年，都是成立的，於是牠們就相信這是個規律了。但是，等到感恩節的前一天，主人給火雞送來的不是食物，而是屠刀。世界上很多所謂的規律，其實都是透過這種不完全歸納法得到的，場景稍微變一下就失靈了。一個既聰明又努力的人為什麼後來發展不好？據我觀察，很多人在一個領域取得成功後會變得自負，堅信自己在其他領域也能成功，然後簡單套用自己在原有領域獲得的經驗。

舉個例子，有一位曾經和我共事多年的工程師，他的技術水準很高，一開始被提拔得很快，但幾年後就遇到職業發展的天花板。由於自己水準高，工作品質也高，因而他通常看不上其他工程師做的工作。當他覺得別人的工作成果，達不到自己的標準時，他就捲起袖子自己上。但隨著職級升高，他要管的事、輔導的人多了，不可能總是自己上，因此他能發揮的作用就被限制住了。

這位工程師過去成功的經驗就是精益求精，把事情做好，這個原則沒有錯。但是，當他手下的人多到一定程度，招聘來的工程師就不可能都是水準很高的人了。在下屬的平均水準降低後，保證工程品質，就不是靠以前的經驗能夠解決的問題。

我還有一位同事，在IT企業做得非常出色，後來因為有一家對沖基金公司高薪來挖角，他就跳槽了，但到了那裡很不適應。他原先在IT企業之所以成果不斷，是因為環境比較寬鬆，他想幾點上下班就幾點上下班，雖然每周工時很長，但是時間自由。效率高的時候，他就多工作；找不到靈感時，便去鍛鍊、休息。

但是到了金融公司後，他必須在早上開市前到達自己的崗位，一直到下午休市前都不能離開。這種嚴格規定上班時間的工作方式，讓他感到自己的創造力無法發揮出來。當然，更不習慣的是，他和新同事的做事方式不同。過去在IT企業，一個產品要讓千百萬人使用，而且常常會使用很長時間，因此要用正確的工程方法做事情。但在這家對沖基金公司，他的產品就是在自己的基金小範圍使用，能用就行；而且遇到新的問題需要馬上解決，因為市場不等人，沒有功夫讓他去打磨一款好產品。所以，到了新環境，他過去的經驗不僅用不上，還成了負擔。

一個人如果過去一路很順利地走過來，現在遇到挫折，就可能陷入對自己深深的懷疑之中。他們害怕別人批評自己，很容易從過度自信迅速變得縮手縮腳。那些既聰明又努力，最後卻陷入平庸的人，其實不是沒有嘗試過改變，也不是沒有挑戰過新的領域，然而想贏怕輸、怕丟面子的心理讓他們顧慮重重，動作變形，結果反而更容易失敗。

——

很多的聰明和努力，只是在學校這個小圈子裡塑造成的表象。學校其實是社會的一個簡單模式，在這個簡單模式中獲得優勢，未必帶給人真正的實力。然而，這種所謂的優勢卻塑造了人的心態，使其陷入慣性思維，習慣於在舒適圈中生活，無法正確對待挫折，也無法果斷做出選擇，即使做出了嘗試，也很容易被挫折和失敗擊倒。

當然，這一切都是可以改變的，關鍵是意識到自己的問題。既然是聰明人，在意識到自己的問題後，總會想出解決辦法的。

12／你是自己達成目標道路上唯一的障礙

尼克森在回憶錄《角鬥場上》開篇，曾說過一個重要觀點——「**沒有一種努力是不伴隨著失敗的**。」要在一個月、一年，甚至兩三年內不遇到失敗，是有可能做到的，一生都沒有失敗過，則是不可能的。比暫時失敗更可怕的，是不知不覺地走入困境。暫時失敗後還能重新開始，但不知不覺地走入困境後，你不僅不知道該如何走出來，甚至不知道自己身處困境。**人和人命運的差別，不在於處於順境時誰走得更快，而在於遇到困境時誰能走出來**。

雖然走出困境的方法有很多種，但大多數方法背後的道理是相通的。我認為，成功走出困境的人在兩方面做得非常好：

一，如何看待困境；

二，如何根據具體情況採用可行的方法走出困境。

如何看待困境？

在正確認識困境這方面，對我啟發比較大的是萊斯．布朗（Les Brown）。他的一些看法和我不謀而合，只是我的想法一直不成熟，而他一下就把我點明了，讓我產生「原來如此，這就是我所想」的感覺。

布朗曾經擔任過美國俄亥俄州的眾議員，主持過電視節目，寫過很多書，也是著名的演說家。他在生活、事業都頗有成就，但你可能想不到的是，他一開始的條件其實比大部分人都差。用一句俗話來說，他就是「在起跑線上輸得一塌糊塗」。

布朗是一位非裔美國人，一九四五年出生在邁阿密的貧民區，從小被養父母帶大。在學校裡，他並不是一個聰明的孩子，英語成績很差，甚至留過級，你完全想不到他後來能寫很多書。長大以後，布朗的運氣也不算好，他離過婚，得過癌症，但是都挺過來了。克服無數困境後，他一步步實現了自己的美國夢，其演說也鼓勵了成千上萬的人。

對於困境，布朗是這樣理解的。

誰都會遇到困境，有些事情說出來別人覺得很普通，但發生在自己身上時就知道有多難了。如某個關鍵的考試沒考好，多年的努力付諸東流；家人生病，卻沒有錢醫治；有孩子要撫養，配偶卻撒手人寰；人到中年失業了，這個年紀又很難再找一份工作……因此，如果你不幸陷入困境，不要自怨自艾，並不只有你的運氣不好。人們通常都有一種心理——自己的處境好不好，常常是和周圍的人比較之後產生的主觀感受；當看到周圍人的處境和自己差不多時，心裡就會好受很多。

該如何面對困境呢？布朗說，困境是留給你以後回過頭來看的，不是給你現在看的。這句話非常有道理。

困境就像一道難題，是讓你解決的，而不是把你攔在這裡，讓你在人生路上從此止步的。當你走過這個困境，無論是如何走過的，回過頭來看時，你都會發出兩個感慨：首先，困境不過如此，我是能夠走過來的；其次，如果不是遇到了那樣的考驗，我也不會成為今天的自己。

我有時會想，如果從來沒有遇到過任何困境，那我的生活基本上也不會發生什麼改變，今天的我和十年前的我可能沒什麼區別，十年後的我和今天的我恐怕也差不多。或許我唯一的變化就是不斷衰老，能力變得越來越差。

布朗有兩句話說得非常好，我一直銘記在心。第一句是，**「如果你挑容易的事情做，你的生活就將艱難」**。第二句是，**「你是自己達成目標道路上唯一的障礙」**（註2-4）。人在遇到困境時，最可怕的不是困境本身，而是因為困境變得消沉，如同被鬥敗的公雞，打

註

2-4　這兩句話的原文分別是"Do what is easy and your life will be hard"和"You are the only real obstacle in your path to a fulfilling life"。

不起精神。這就如同在股市上，最可怕的不是股價暴跌，而是對股價暴跌本身的恐懼。

你可能注意過這樣一個現象：同樣是遇到困難和失敗，有些人會長時間陷入消沉，無精打采，或者經常抱怨，「我怎麼就這麼倒楣啊」「我怎麼就沒有某某運氣好啊」；有些人則像布朗說的那樣，把失敗當作一種歷練。人天生並沒有多大的不同，但為什麼在對待困境上，會有如此大的差異呢？據我觀察，這主要是因為不同的經歷，已經把他們塑造成了不同的人。

沒有人天生希望自己消沉，但是如果經歷了太多次失敗，那想不消沉都難。久而久之，這些人就會陷入失敗恐懼症，一旦遭受到一點點挫折，就如同掉進一個看不見光亮的洞穴。你可能見過一些經常在牌桌上輸錢的賭徒，看到別人看書他都緊張，更不要說把「輸」這個音讀出來了。這就是「失敗恐懼症」。

要避免陷入這種恐懼，就要慎重出戰，在做事之前，盡可能把所有失敗的情況考慮到。很多人不認真準備，匆匆忙忙就開始做事情，甚至是有時間準備，卻覺得不如多嘗試幾次。這其實是一種投入產出比非常低的做法。很多人可能會覺得，一件事如果花百分之一百的功夫做，就一定能做成，而花百分之一的功夫做，有百分之一成功可能性，那花百分之一的功夫嘗試一百次也能成功。

但實際上，如果你懂一些機率論的知識，就會知道用後一種做法，嘗試二百六十次才能保證百分之九十五的成功可能性，效率非常低。更可怕的是，經常性失敗會讓人喪失信心，還會使人養成極度不良的習慣。再往後，他們會動不動就自怨自艾，一旦不順利就有很大的怨氣，把自己陷入困境的原因，統統歸結於命運。

要防範哪些錯誤做法

當然，即便我們想盡辦法避免陷入困境，還是會因為種種原因遇到它。這時，需要有系統的辦法走出困境。不過，在講有效走出困境的方法之前，先說說兩個需要防範的錯誤做法。

首先，也是最重要的，不要有賭徒心理，不要讓自己陷得更深。

很多人總是改不了賭徒的習慣，遇到困境就咬牙切齒地下狠心，心裡對自己喊一聲「拚了」，然後把自己的老本都押上去。有雄心，有毅力，堅忍不拔，這都是好事。但是，不顧一切地蠻幹，甚至帶著憤怒的心態，賭上自己的一切去工作，不僅不能解決問題，還可能會陷入更深的困境。

你的智慧和力量，是用來解決問題的，而不是拿來和自己較勁的。你可能遇到過這樣的人，你和他下棋，他要是輸了，就會說這盤是我不小心，被你偷吃了車，咱們再來一盤。然後，他越下越生氣，一盤接一盤地輸。其實，他不是輸給你，而是輸給他自己。

更糟糕的是，當一個人開始用賭徒心理追求目標時，也會吸引來一些想要利用他的心理壓力、迎合他的需求，以趁機占便宜的人。就拿前面下棋的例子來說，你只要有點經驗，就很容易引誘他犯更多錯誤。在余華的小說《活著》中，主人翁徐福貴就是這樣一個越陷越深的賭徒。在惡霸龍二的引誘下，他越賭越輸，越輸越賭，直到輸光家產和老宅。

當然，有人會說那只是藝術創作。但實際上，在現實生活中，比徐福貴更慘的賭徒有很多。比如，曾經是世界首富之一的亨特兄弟（註2-5），在二十世紀七〇年代，試圖控制全世界的白銀，最後認賠了事；因發明貨櫃而成為億萬富翁的麥克萊恩（Malcolm P. McLean），則因為不斷對賭石油失敗而破產。

賭性不僅會讓人損失金錢，還會毀掉人的一生。

古代有一大批讀書人，一輩子只做一件事——考科舉，很多人到老都還是個童生。其實用今天的話來說，絕大部分屢試不中的人，就不是讀書的料。如果他們能及早意識到這一點，也不至於一直在困境中走不出來，賭上一輩子的時光。

相比之下，明朝的李時珍和宋應星就聰明多了，幾次科舉失利後，他們意識到自己已經陷入困境，就把時間和精力留下來做更有用的事，進而成功走出困境。李時珍因為撰寫《本草綱目》，被後人稱為「藥聖」；宋應星則因著作《天工開物》而流芳百世。

當然，有人可能會說，一旦考中科舉，回報很高啊。其實，說科舉回報高，主要還是因為那些人有本事，否則光會考試也沒用。中國歷史上最會考科舉的，恐怕是唐朝的進士

註

2-5 指德州石油巨擘H．L．亨特之子，尼爾森．B．亨特（Nelson Bunker Hunt）和威廉．H．亨特（William Herbert Hunt）。

2-6 唐朝的科舉制度分為常舉和制舉兩種。前者是指每年分科舉行的科舉，後者則是由皇帝臨時下詔舉行的科舉。在唐朝，考中科舉後不會直接授官，甚至低品級的小官如果得不到升遷，還需要再重新考一次。

張鷟。據統計，他一生考中了七八次科舉（註2-6）。其出生於一個書香世家，非常聰明，從小就想透過科舉考試成為宰輔重臣，並且在十七歲時就高中了進士。在有「五十少進士」說法的唐朝，這算是非常了不起的了。

但是他為人不踏實，也沒有顯示出很強的做事能力，除了會考試，沒有什麼讓人稱道的地方。因此他只能當小官，中間還經常賦閒在家。雖然曾經很短暫地做過吏部侍郎，但因為生性輕浮，被名相姚崇等人厭惡，不斷被貶謫，最終只能在一個從九品縣尉小官的任上，結束了四十年的職業生涯。

張鷟一生能在科舉考場上不斷高中，顯然是極為聰明的，但是他到最後都沒搞清楚，自己仕途不順的癥結在哪裡，因而把生命都押在了科舉上。

其次，要防範走入另一個極端，即在成敗還沒有完全確定時，一看苗頭不對，馬上改變策略。

「閃」本來不是貶義字，今天卻成了很多人不願意往深處做事的藉口。這類人只要遇到一點麻煩，就想著換一件來做，這和前面那種「一條道走到黑」的做法恰恰相反，而它帶來的結果，往往是讓人在不同的錯誤之間來回擺盪。

世界上大部分事情，從行動到結果，總是有時間延遲的。像你開車時加速，馬上就有了加速度，但一開始速度依然很慢，需要加速一段時間才能快起來。因此，我們不能根據現在的速度，來判定加速是否有效，而是要看一段時間。如果看到一時速度沒有快起來就鬆開油門，那就永遠快不了了。

平時做事也是如此，假使今天努力學習了，其結果可能要幾周後才能看出來，才能得到老師的肯定。有些人比較心急，做了點事情，就急著要馬上見到結果；一旦沒見到結果，便立馬放棄。如果一直這樣，那他們什麼事情都做不成。

我讀高中時，中國國家男子足球隊「差一點」就進入世界盃決賽。現在四十年過去了，就算是當時剛出生的球員，也已經退役十年，這支足球隊還是在「差一點」就出線的死胡同裡打轉。我認為其中一個原因是，球隊成績稍不如意就換教練。

在這四十年裡，中國國家男子足球隊的總教練（包括代理）多達二十四人，其中里皮（Marcello Lippi）擔任過兩次。如果只是數量多還不是最可怕的，最可怕的是，這二十四個人特點迥異，相互之間完全沒有繼承性。任何一種戰術從訓練到熟練掌握都需要時間，每次在還沒有熟練掌握之前就換教練，那球隊就永遠形成不了自己的特點。相比之下，德國國家男子足球隊在同樣的時間裡只有六位總教練，其中勒夫（Joachim Löw）掌管球隊長達十五年。在這期間，他也經歷過失敗，但最終還是帶領德國奪得世界盃的冠軍。

如何走出困境

世界上大部分人或多或少都曾經走出過困境，他們所用的方法可能各不相同，但概括起來，無非是三類。

第一類方法：花很長時間從根本上提高自己的能力，爭取避免陷入困境。

在這方面，已故的NBA球星柯比的做法很值得每個人學習。他在高中畢業後就直接進入NBA，這種情況非常少見，因為絕大部分人要先打四年大學聯賽，才能參加NBA選秀。柯比能夠越過大學聯賽的階段，說明他自身條件很好，過去的成績也不錯。可是到了NBA賽場上，柯比大失水準。有一次比賽，他一連五個球都沒有投進，這可太丟人了。要知道，柯比高中時投籃可是非常準的。

如果你遇到這種情況，會覺得是什麼原因？心裡緊張？或者是運氣不好？柯比沒有這樣找藉口。他說，他意識到自己的能力，還不足以應付NBA高強度的比賽。以前打高中籃球聯賽，一年也就三十多場，球員有充足的時間休息。而在NBA，一年光季賽就有八十二場，再加上季後賽，可能要達到上百場，平均幾天就有一場，腿都軟了。投籃時連站都站不穩，更別說進球了。

柯比說，從那次他就意識到，自己還沒有準備好在NBA打球，要適應NBA的節奏，就要把腿部練得特別強壯。當然，他後來不僅把腿練強壯了，還把各方面的技能都提高了一大截，從而適應了NBA的比賽。

你可能也有過這樣的體會：一道數學題半天都做不出來，再怎麼咬牙努力都沒用。其實，這是因為你根本沒學好，能力還不足以應付那道題。這時你該做的就是再去學習。

人這一生，最容易陷入困境的是以下三個時間點：

第一個時間點是，從學校畢業進入社會開始工作，或者工作幾年後準備換工作。

第二個時間點是，從單身到結婚，從兩個人生活到有了孩子，從只需要照顧一個小家庭到要照顧老人，進入上有老、下有小的狀態。

第三個時間點是，當身體不如以前了，精力和記憶力也在衰退，面對著接下來怎樣生活和工作的問題。

如果在這些時候沒有準備好，那你大概會陷入困境，而這些困境很可能就和你能力不足有關。柯比說了一句話，非常有道理。他說：「你可能並不足夠了解自己，你的一些長處和短處還沒有被你發現。當遇到處理不了的客觀困難時，可能是你那些潛在的短處在起作用，而長處沒有得到發揮。」柯比還說，遇到困難時，不要太理會外界的事情，找到自己的長處和短處，把該準備的能力準備好就行。可以說，柯比的做法就是在找到問題之後，透過長期的努力，提高自己應對困境的能力，讓自己不要陷進去，至少不要陷得很深。

第二個方法其實很多人都在使用，就是掌握系統的糾錯法。對此，我以設計電腦程式的思路做了一個總結。

電腦的程式是一層層互相嵌套的，一個程式中有幾個大模組，每個大模組中有幾個小模組，小模組中又有一些步驟。同樣，我們做事其實也是按照自己無意間設計的程序一步步來的。當陷入困境時，就如同程式陷入了一個循環迴路。那麼，怎麼找到問題所在呢？

很多人這時會抓狂，以為是自己的方向錯了，一會兒又懷疑是自己的方法錯了，或懷疑自己哪裡做得不好。沒有系統的糾錯法，東試試西試試，只會浪費時間，無法讓人走出困境。

在程式設計時查過錯的人都有同樣經驗：檢查錯誤要從具體的細節開始，先看看小模組裡的步驟對不對。如果程序是運行到第一個大模組的第二個小模組時當機的，那要先檢查這個小模組裡的步驟，而不是從頭看一遍。如果這個小模組裡的步驟沒有問題，那毛病就可能出在更高一層。這時再去看大模組的設計是否有問題，去看不同小模組之間是否有邏輯漏洞。如果還沒有找到問題，就再向上溯源，看看整個程式的設計是否合理。最後再考慮自己的方向是否正確，這個程式所做的事情是否符合自己最初的想法。這種糾錯的次序不能顛倒。

人在陷入困境後，首先需要考慮具體的做法是否有問題，這就如同檢查小模組裡面的步驟。如果做法沒問題，接下來要檢查自己做事的想法是否有問題，這就如同在檢查整個大模組的內部邏輯。如果還是沒問題，就要考慮這件事是不是不該做，或者是不是一開始的想法錯了，這就如同檢查整個程式所做的事情，是否符合設計者最初的想法。

一般來說，在具體做法上出問題的可能性最大，在想法上出問題的可能性次之，在方向上出問題的可能性又次之。人陷入困境時，是一步步從高層到低層走進去的；走出來時則要反著來，一步步從具體的做法中走出去，千萬不要一開始就把一切推倒重來。這就像在跑程式的時候，某個地方出現了循環迴路，千萬不要上來就把整個程式都刪了。

第三類方法是保證在任何時候，都能發揮出自己八成的水準。

職業運動員和業餘運動員的差別，就在於前者能穩定維持在一個較高的水準。我女兒開始代表學校征戰高中高爾夫球聯賽後，我觀察到一個現象，就是好的運動員會在陷入困境時，切換到另一個模式，讓自己發揮出八成的水準。

很多人覺得高爾夫球是退休男性的運動，這其實是一個誤解。高爾夫球比賽的強度，其實超出一般人的想像，比賽強度大的時候，需要一天打兩場，時間累計九小時，行走距離超過十六公里。因此，打到後面，運動員肯定發揮不出一開始的水準。優秀運動員和一般運動員的差距，不在於大家體力都很好時的發揮，而在於體力嚴重下降，或者陷入其他困境時的應對策略。有經驗的人會在此時，適當降低對每一個球的要求，採用一些相對穩妥的打法。這樣雖然會丟一些分，但可以避免陷入無法補救的困境。

你可能也注意到了智慧手機和平板電腦的一個特點——當電力只剩下一點時，它們會自動以低速運行，甚至關掉一些不重要的應用軟體，儘量延長待機時間，以免影響正常使用。這其實就是在遇到困境時，讓自己維持在八成水準的保守做法。

—

人在追求目標時，都會遇到困境，別人的處境並不見得比你更好。這種時候，不要抓狂，不要賭，也不要沉淪。

記住布朗說的那句話：「你是自己達成目標道路上唯一的障礙。」冷靜下來，想一想自己是如何走入困境的，再一層層解套走出來。很多時候，你遇到麻煩，是因為還沒有為新的環境，準備好相應的能力，把它們準備好再出發吧。

13／把低品質的詞，從你的辭典裡刪掉

我們每個人都在不斷學習新詞，同時也會忘掉一些曾經常用的詞，因為語言是不斷替代發展的。特別是網際網路興起後，詞語替代的速度更是在不斷加快。不過，最好是能刻意從自己的詞典中刪除一些詞，這樣就能更加專注於目標，不至於走偏了路。下面就來看看我從詞典裡刪掉了什麼詞，以及為什麼要刪掉它們。

想刪掉的第一個詞：「賽道」

我想在自己的詞典裡刪掉的第一個詞是「賽道」。當然，我說的不是運動場上真實的賽道，而是今天產業和投資等領域，頻頻出現的那個比喻意義的「賽道」。

據我了解，「賽道」的這種用法最早始於風險投資領域，大約出現在二〇一〇年前後。當初，一些風險投資人賭某個新興行業將來會發展得很好，但是又無法估計是哪家公司能成為最終的贏家，於是就在這個行業，選擇好幾家當時發展還不錯的公司全面投資。這樣，只要將來有一家公司上市或者被高價收購，即便其他投資都失敗了，也能賺到錢。這就如同不是挑選唯一的運動員來押注，而是同時押注一條賽道上的多個運動員，因此這種做法被稱為「賭賽道」。

不過，如果你看一下過去十多年裡，那麼多基金賭賽道的結果，就會發現它們的投資回報，其實和賭賽道無關。中國最早的一批風險投資機構，包括IDG、紅杉資本等。不管事後怎麼說，它們的實際做法就是哪家公司看著順眼、在美國有類似公司成功的先例可以做參考，就投哪家。

IDG最初的合夥人熊曉鴿有一次說，早期因為中國資產的價格很便宜，所有領域又幾乎都是空白的，所以怎麼投資都賺錢；大約每投五至十家公司，就有一家能上市。而今天，投資一百家公司，可能都不會有一家能上市。紅杉資本的情況也大致如此。也就是說，當時大的經濟環境保證了這些投資的成功。當然，投資者可以根據結果總結原因，但那些事後總結出來的原因，是否是真正的原因，就要另當別論了。

我最初在中國做風險投資是二〇〇七至二〇〇八年，那時和幾位朋友一起創辦了中國世紀基金。當時中國已經有不少投資機構了，雖然「賽道」這個說法還沒有流行起來，但很多投資機構的做法，其實就是在賭賽道。在那之後直到二〇一三年的五六年裡，大批風險投資機構先後賭了三個賽道——線上視頻、電子商務和團購。

最終的結果，線上視頻和團購這兩個賽道幾乎團滅，絕大部分投資人都血本無歸。雖然從線上視頻賽道殺出了土豆、優酷和愛奇藝三家看得過去的公司，但最終上市的表現都不好，從投資的角度看回報不高。團購賽道只殺出個美團，這還不是因為這個賽道好，而是因為王興這個人太厲害。至於電子商務賽道，雖然沒有團滅，但當時的一批公司中，除了京東都沒有成為好的投資對象。當初被資本市場看好的凡客、1號店等，後來都淡出了大眾的視野。也就是說，賭賽道的結果，只不過是把投資人的錢拿去給創業者嘗試練習了。

我當時和朋友們在國內投資，只秉承兩個原則：一是看人是否值得信賴，二是看這家企業在中國未來的市場前景。至於創業者做什麼、原來是什麼背景，我們並不看重。當時我們投資的數額並不小，但因為只投資後期企業，對每家企業的投資數額較大，因此投資的企業數量並不多，只有不到十家。

至今，每家企業做的是什麼，我都能如數家珍般說出來。在我們投資的企業中，有工程和工業領域的，有網際網路領域的，有線上支付領域的，有教育領域的，還有一家做網路金融的。這些創業者中，有海歸，有四十多歲的第一代企業家，有二十多歲的所謂「富二代」，也有原來在國內企業做高級主管的人，可以說是什麼背景的都有。

投資的結果是，除了一家企業虧了錢，剩下的要嘛上市了，要嘛被高價收購了。而那家虧損的，也是因為做網路金融，有不合規定的問題，於是關門大吉。

我們能做到比較好的投資效果，倒不是因為本事有多大，而是因為找到了做事情的正確方法。首先，我們趕上了中國蓬勃發展的大環境。當時，中國企業的估值，一般只有美國同類企業的一半左右，但到了二〇一三年，當我們把這個基金關閉時，中國企業的估值已經是美國同類企業的三倍了。

其次，我們不賭賽道，只看創業者和創業項目的內在價值。

之所以說賭賽道的做法毫無意義，不僅是因為我有這樣的投資經驗，還因為其他成功投資人的經驗，也說明了這個道理。在中國，最成功的風險投資人當屬孫正義，他除了投資阿里巴巴，還投資了滴滴、餓了麼和字節跳動，投資的公司數量並不多，但回報極高。他在投資時，並不會預測某個賽道能否發展得好，也不會去和別人擠賽道。

那麼，為什麼賭賽道不管用呢？

賭賽道的第一個錯誤在於「賭」字。我這一生靠做生意賺過錢，也靠打工、當顧問、做對沖基金和風險投資賺過錢，唯獨沒靠賭賺過錢。賭這件事我從來沒想過，所謂「小賭怡情」的說法，在我頭腦裡就等同於「小偷小摸不算偷」。我去過拉斯維加斯十幾次，有時全家吃一頓飯、看一場舞台劇，就會花掉上千美元，但我在各種賭博（包括老虎機）上花的錢，總共不超過二十美元。

賭賽道的第二個錯誤，在於它違背了控制論的基本原理。任何帶有回饋的系統，給它一個輸入，它在產生輸出的同時，都會形成一個回饋，而這個回饋又會影響接下來的輸入和輸出。當很多人都在賭同一個賽道時，那個賽道就變成俗話說的「錢多人傻」的地方了，原本不值錢的投資項目也會變得很貴，即便你投資的公司做成了，回報率也高不了。

如果能了解一點控制論的道理，就不會去和別人擠什麼賽道。

想刪掉第二個詞：「多快好省」

我從詞典裡刪掉的第二個詞是「多快好省」。「多快好省」是很多人做事情時追求的目標，但是我自己從來沒有做到過。不僅我沒有做到過，據我觀察，我周圍也沒有人做到過。

當然，有人可能會說，你做不到只能說明自己本事不夠。今天技術進步了，生產力提高了，製造的產品相比於古代，就做到了多快好省；將來技術繼續進步，生產力進一步提高，比起現在更能做到多快好省。但我認為這種對比沒什麼意義，因為這就如同一個二十一世紀的人，去和牛頓比較誰掌握的物理知識多，然後說自己比牛頓偉大。如果隨意擴大對比範圍，也可以說當今的任何一個人，都比原始人掌握的知識多，但這基本上就是一句廢話。對於現實中做事來說，在合理的時間範圍和空間範圍之內，進行有可對比性的比較。

在同時代、同技術條件下，一個做事水準很差的人，可能會少慢差費；但水準再高的人，也做不到多快好省。因為多就不可能快，好就不可能省。這就如同你不可能既要馬兒跑，又要馬兒不吃草。

據我觀察，有兩類人喜歡標榜多快好省。第一類人其實是靠犧牲品質追求數量，甚至把偷工減料說成節省。第二類人更惡劣，他們說多快好省，只是在用「低成本高效率」的幌子引人上鉤，讓人不斷追加投入。最後，別人花費了不合理的時間和金錢，卻發現其實根本做不到什麼低成本高效率。

多快好省可能是一種美好的願望，但在現實中做事時講多快好省，近似於一種妄念。心存這種妄念的人，會希望能花很少的成本，甚至不花成本，來獲得很多的東西。那什麼樣的人，會被這樣的妄念吸引呢？

首先，是缺乏專業知識和社會經驗的人，他們容易低估做事情的難度和成本。其次，是思維比較單一的人，他們不理解多個維度之間的互相作用和影響。如追求速度難免就會降低品質，眼睛只盯著一個維度，就看不到其他維度可能存在的損失。最後，是覺得自己比別人運氣更好、覺得自己能占到便宜的人。

我的一位朋友，在做室內裝修生意很多年。他告訴我，很多人在找裝修公司時容易上當，因為他們會相信成本要十五萬元的裝修項目，有公司用十萬元就能做到。有的客戶拿到裝修公司十萬元的報價，覺得自己實現了又好又省錢的目標，結果裝修到一半，就發現自己被騙了。

聽到他這麼說，我就想起我一個鄰居蓋新房子的經歷。當時有一家承包商的報價，比市場上正常的價格低了百分之二十五，鄰居覺得很划算，而且合約中對各種可能存在的品質問題，也都有顧及到了。但他們忽略了一點，就是工期。那家承包商之所以願意以超低價承包這個工程，就是打算讓建築工人在不忙的時候，順便蓋這棟房子。

結果一個夏天過去，才打好房子的地基，眼看著就要是加州的雨季了。而鄰居的房子是木造的，不能在下雨天修建，否則就會被雨水泡壞。這家人向承包商催工，說對方不賣力，要解雇對方。之後他們被搞得焦頭爛額，花了不少錢打官司，才解雇了這家公司，另找了一家專業公司接手。最後，他們是既耽誤了時間，又多花了一成的費用。

對我而言，用合理的價錢、成本或時間得到一個好結果，遠遠勝過用便宜的價錢，很快得到一個不滿意的結果。

想刪掉第三個詞：「彎道超車」

我從詞典裡刪掉的第三個詞是「彎道超車」。所謂「彎道超車」，不是指開車時的超車，而是指企業或者個人在某些變化或人生節點上，使用非常規手段超越前面的競爭對手。

我自己算是半個超跑愛好者，深知在彎道強行超車的危險性。我也現場看過世界一級方程式賽車（F1）比賽，知道即便是在那種人為設計出來的、彎道比例很高的賽車道上，彎道超車也是很少見的事情。而在真實的高速公路，其實沒有多少急轉彎可以讓你彎道超車。如果你跑過從北京到上海的高速公路，就會發現一千多公里的道路上，能夠稱得上「彎道」的急彎，一個巴掌就能數得出來。因此就算你專門練就了彎道超車的本領（假如這種本領存在的話），指望在彎道超越別人，恐怕也要失望了。

超車這件事，說難也難，說簡單也簡單。說穿了，就看兩點：一是車的性能優越，主要是功率和可操作性；二是你的技術高超。有了這兩點，什麼路你都能超車，從北京到上海這一千多公里，處處都是你的超車路段。但是，缺了第一點，不管什麼時候想超車，你都會感到力不從心。假如你開的是一輛小型四缸引擎的轎車，那技術再好也超不過保時捷。缺了第二點，車再好你也駕馭不了，如果還想彎道超車，就容易車毀人亡。

在商業競爭或者個人發展的過程中，所謂的彎道超車就更不可靠了。

人一生的發展道路，和從北京到上海的高速公路很相似，大部分地方都是直的，能遇到的岔路口或者急轉彎很少。不要指望一次正確的決定，能幫你省去在職業上幾十年的努力。再說，只要你的汽車性能夠好，駕駛技術夠高，那想什麼時候超車就什麼時候超，根本沒必要把注意力放在幾個彎道上。

之所以把上面幾個詞從我的詞典裡刪掉，是因為在現實中，看到了它們的不合理和不切實際之處。維根斯坦（Ludwig Wittgenstein）說，語言會影響甚至塑造我們的思維。所以，要提升自己的思維水準，不妨定期把一些低品質的詞，從自己的詞典中刪去吧。

14／成熟的自律

在任何國家、任何文化中，自律都被看成是美德。一個人要想成為自己的主人或者社會的主人，就要做到自律。但事實是多數人都做不到。

有些人問我怎樣才能做到自律，我也說不出重點，因為很多在我看來非常容易做到的事情，如早起、不暴飲暴食，確實有很多人無法堅持。後來，我讀了美國精神科醫師史考特．派克（Scott Peck）寫的《少有人走的路》一書，發現他從一個全新的角度，解釋了什麼是自律，以及怎樣做到自律，覺得很受啟發。

什麼算是自律？遵紀守法或者做到自我約束就算自律了嗎？其實，自律所涉及的內容，比簡單的自我約束更多。過去很多宗教組織和幫會組織內部，有多種複雜嚴格的規定，以至於裡面的人不敢做某些事情。這只是一種被迫的自律，或者說不成熟的自律，因為那些人其實備受煎熬，所以會在組織管不到時，悄悄違反規矩。

例如，很多禁酒的國家總會有人私自釀酒，並且形成交易酒的黑市。但是真正在飲酒方面自律的人，即使有人把美酒端到他面前，他也不會喝。我們所期望的自律是主動的自律。如果一個人做不到成熟的自律，自己的行為卻被各種規定限制，時間久了就容易出現心理問題。用俗話來說，就是會被逼瘋。

至於如何做到真正的自律，而不是被動地被管束，派克給了很多建議，其中有三個我認為最有價值。

一、自律的基礎是自我價值的認可

派克說，自律的基礎是自我價值的認可，我非常贊同。過去讀到李白的「天生我材必有用」這句話，使我茅塞頓開。而在現代社會，人總會有一種困惑，就是不知道自己要如何在複雜的環境中生存。當人遭遇太多逆境時，特別容易消沉放棄，出現懶惰、拖延、暴飲暴食等問題。有人會說這是不自律，但這只是表面現象，問題的深層在於，人在一個複雜的環境中不斷遭遇挫折，很容易找不到自己的價值，甚至是否認自己的價值，進而自我放棄。

在本書中，我之所以專門用一章的篇幅談主動性，是因為它對今天的人，特別是生活在大都市複雜社會中的人非常重要。

而培養主動性，可以從認可自己的價值開始。當一個人認同自己所做的事情是有價值的，他就會自然而然地去做，這其實就是主動性。相反地，當他覺得自己所做的事情是無用的，只是為了混口飯吃，那他通常會能拖就拖，這在外人看來，就是缺乏主動性。

根據我的觀察，**如果一個人把自己的時間，看成有價值的資源，即使不讓他抓緊時間，他也會珍惜每一分鐘**。相反地，如果一個人不覺得自己的時間有什麼價值，甚至完全否定了自己的價值，那他自然不會珍惜時間。因此，想要做到自律，應該從自我珍惜、自我照顧、認可自我價值開始。有了這個基礎的認知，認同自己一生要做點有價值的事，就會以積極的態度面對自己，然後才能以積極的態度面對痛苦，解決問題。

說到這裡，可能有人要問，為什麼有人會否定自己的價值呢？派克認為，這和童年的經歷，特別是原生家庭的影響有關。從某種角度來說，我們的人生都是所謂二手的人生，父母總會把他們的經驗和喜怒哀樂，加到我們身上，只是雙方都不自知罷了。當一個人只是在按照父母或者他人的要求生活，他就很難體會到自己的價值。

我對比過很多國家的青少年教育，發現中國父母有一個共同的問題，就是往往會把自己沒有實現的理想轉嫁給孩子，讓他們替自己去實現。很多家長會對孩子說，爸爸媽媽就是吃了讀書少的苦，你一定要努力學習，將來考上一個好大學。這些孩子過的其實就是二手人生。

父母的影響不一定都是壞的，也有很多親子傳承的佳話。如諾貝爾獎的獲獎者中，有一些是親子兩代分別得獎的例子，這就和父母的正面影響有關。但是，相比於正面影響，我們更需要避免把來自家庭的負面影響，加諸到孩子身上。

年輕人要學會和過去的經歷，以及原生家庭的影響做切割，只有這樣，才能活出自己的樣子。無論自己的原生家庭是好還是壞，都不應該決定我們的人生態度。

二、不自律就會失去自由

在《少有人走的路》一書中，派克談到了逃避責任和失去自由的關係。他認為，不自律就會失去自由。一個人所承擔的責任，和他所擁有的自由是成正比的。像是在一家公司，若員工總是怕承擔責任，凡事都要讓主管點頭再做；遇到麻煩時，首先想到的也是如何逃避責任，那用不了多久，他就會在公司失去自由，成為他人的附庸。

有時候我們說一個人很不自律，也是因為他在逃避自己的責任。責任雖然可能是某種負擔，但往往也支撐著一個人自立。逃避責任，一時間好像可以讓人得到解脫，長遠來看卻會使人陷入更長時間的煩惱，因為逃避責任必然導致失去自由。

失去自由之後，人就會成為犧牲品——別人的犧牲品、單位的犧牲品、社會的犧牲品。在這種情況下，人的心理很容易變得極不健康，還會感覺都是外界在迫害自己。你可能也遇到過這種情況，有的朋友總會向你抱怨各種事情，覺得所有人都在針對自己。其實，如果追溯這些抱怨的根源，有時未必是外界在迫害他，而是他自己先選擇了逃避責任。

一個人要自律，最重要的不是要遵紀守法，而是要勇於承擔自己身上的責任。責任可能會讓人感覺沉重，但不接受這種沉重，人就無法真正成熟。

在《少有人走的路》這本書中，派克還講到了逃避責任，可能會成為一種大眾行為。

如第二次世界大戰期間的德國和日本，就出現大眾層面的逃避責任，最終也導致人們失去了自由。

三、找到正確的人生地圖

所謂人生地圖，是派克在書中提出的一個概念，指的是某些人生經歷，會讓我們形成一些價值觀，而在遇到問題時，又會用這些價值觀來做判斷。什麼樣的人生地圖是過時的呢？派克說，主要是在童年時期形成的很多價值觀。這些價值觀到成年時期就不再適用了，但我們卻沒有拋棄它們，還一直在使用過時的人生地圖。

舉一個真實的例子。我在約翰·霍普金斯大學遇到過一個從清華來的學霸，他出國之後花了十年時間才拿到博士學位，比其他人多用了四年，就是因為他使用了過時的人生地圖。

在成長過程中，他從小學就是班級考試中的第一名，然後中學、大學也都是第一名。每到一個新環境，他給自己樹立的奮鬥目標都是好好學習，在各門課程的考試中超過其他所有人。但凡前面有一個人，都會讓他覺得自己沒做好，然後加倍努力。

這看上去很有志氣吧？等到讀博士，問題就來了——沒有人跟他比了，因為大家研究的題目都不一樣，沒有可比性；如果一定要比，也是自己和自己比。一個題目做不出來，是因為選錯題目，還是自己不夠努力，又或者是方法走偏了？這些都沒有現成的答案。最後，他反覆換題目、換指導教授，折騰了十年才畢業。

自律是指依據自己的價值觀，來約束、指引自身的行為，但有時我們也要問，自己所用的價值觀本身，是不是可能有問題。派克說，人在小時候可能會因為某些經歷，產生一些固化的觀念，而這些觀念和後來的實際情況並不相符。在這種情況下，有人可能會抱怨世界錯了，但實際上是我們用錯人生地圖。唯一的辦法就是忠於事實，不斷修正自己的人生地圖。**只有用符合事實的人生地圖來指引自己，才是理性的自律。**

——

自律是心智成熟的表現。我們知道，很難要求一個小學生非常自律，因為他的心智發育還沒有完成，也就是俗話說的還不懂事。人在長大以後，心智發育完成之後，就應該知道要有所為，有所不為。當然，心智成熟、做到自律是個慢功夫，很多人沒有耐心不斷優化自己去做到這一點。但是，如果做到了，你就會達到更高的自我境界。

本章重點總覽

- 專業的差別就是保證在任何時候，都能發揮自己八成的水準。
- 如果你挑容易的事情做，你的生活將會變得艱難。
- 靠作弊成就的人生絕對走不遠。
- 花很長時間從根本上提高自己的能力，爭取避免陷入困境。
- 不自律就會失去自由。
- 你是自己達成目標道路上唯一的障礙。

Improve Yourself Systematically

系統性地自我提升

人類在 17 世紀之後迎來了科學革命，在僅僅一百年的時間裡取得的成就，超過了過去文明史上幾千年的總和，就是因為人類在那個時代，掌握了系統性的科學研究方法。同樣，和同齡人相比，最終能否走得更快、更遠，也取決於能否掌握系統性進步的方法。

03

15／小習慣決定大成就

多年前，我聽過一位學者做的報告，他對比了日本明治維新與中國近代歷次變法和運動的差別。那位學者說，日本人只是從習慣入手進行變革，幾十年後，便步入了現代社會；近代中國則比較急，總是試圖一口氣改變文化。但在這個世界上，各國什麼都在變，唯有自己的文化幾乎沒有改變。他那番話引起了我的深思，後來我慢慢改變了一些做事情的習慣，結果也就不同了。或者說，我就變成了另一個我。你可能想不到，改變習慣對一個人的好處，可能遠遠超出我們的想像。

二〇一八年，美國作家詹姆斯·克利爾（James Clear）出版了《原子習慣》（Atomic Habits）這本暢銷書，又給我一些新的啟發。這本書顧名思義，就是那些小得不能再小的習慣。克利爾說，改變這些非常不起眼的小習慣，可能會給你帶來驚人的成就。他舉了這樣一個例子。

這十幾年裡，英國在自行車項目的比賽中，取得了非常好的成績，拿了近兩百個世界冠軍和大量的奧運會冠軍。這個成績是如何取得的？你可能會想到科學訓練、更好的裝備等等。但實際上，英國人的進步來自一些小習慣的改變。如經常洗手，這是英國國家自行車隊新的總教練戴夫．布雷斯福德（Dave Brailsford）的要求。

洗手和拿冠軍有什麼關係呢？其實，今天世界頂級運動員的水準都差不多，誰發揮好一點誰就能拿冠軍，能在比賽中發揮水準，很重要的一點是別得感冒這種小病，洗手則是預防感冒等傳染性疾病，最簡單也最有效的辦法。這樣的事一般人注意不到，但你可能經常會看到這一類的報導，說某個頂級運動員臨到比賽前身體出了小狀況，結果影響表現。

布雷斯福德改的都是一些小習慣，而這些小習慣的改變累積到一起，進步就大了。這些改變做起來並不複雜，只是其他國家的選手不太能注意到。我們不妨來看幾個他們改變的小習慣：

一．賽前把座椅調舒服；

二．賽前用酒精把輪胎擦乾淨，以提升其抓地力；
三．運動衣增加電熱功能，以保持肌肉運動最適合的溫度；
四．把運動員平時睡覺用的枕頭和床墊調整得更舒服；
五．選擇更有利於運動員肌肉恢復的按摩油。

不過，最令我想不到的是這一條——把運自行車的廂型車內部塗成白色。因為這樣做的話，如果賽前調整好的自行車有灰塵，就可以及時發現，迅速擦掉，以避免影響自行車的性能。就這樣，他們透過幾百項很小的改進，在二〇〇八年的北京奧運會上，拿到十個項目中的六面金牌；在二〇一二年的倫敦奧運會上，他們再創佳績，拿下七面金牌，破了七項世界記錄；在二〇二一年的東京奧運會上，英國依然是在自行車項目上獲得金牌最多的國家（註3-1）。

克利爾列舉的那些習慣，都屬於原子習慣，每一個雖是小事，加在一起產生的影響卻是巨大的。

他關於小習慣決定結果的觀點並非一家之言。寫了《習慣的力量》（The Power of

Habit）一書的查爾斯・杜希格（Charles Duhigg），也根據自己的體會發現，改掉一些很小的壞習慣，會讓人有很大的變化。

什麼算是小的壞習慣呢？這其實不難判斷。如賴床，動不動就到廚房或者休息室找零食吃，每過幾分鐘就要低頭看一下手機，一坐幾個小時不移動等。不需要為它們辯護，不用去解釋它們是不是也有好的一面。其實對每個人來說，真正難的就是改掉這些小的壞習慣。

很多人都說，我也知道那麼做不好，但就是改不了。克利爾和杜希格對如何改變習慣做了很多研究，他們的一些建議，我覺得至少有以下四個方法是可行的，而且操作起來也不難。

第一，讓自己處於一個好的環境。

不要一味地強調杜絕壞習慣、養成好習慣的動機，這是靠不住的。雖然我們平時做事

註

3-1 因為《原子習慣》出版於 2018 年，所以書中並未收錄 2021 年舉辦的東京奧運會之結果。

情時動機很重要，但是要改變習慣，它還真不太管用。像有些人想減肥，有些人想戒掉遊戲，有些人想每天背十個英文單字，達成這些目標帶來的好處，大家也都知道，但你看看周圍有幾個人能做到？

想要戒除一個壞習慣或者養成一個好習慣，最不費力的方法，就是置身於一個合適的環境。例如一個中學生，假使交了幾個愛讀書的朋友，他讀書的習慣可能就養成了；倘若交了幾個愛逛夜店的朋友，那他不良的習慣可能也就養成了。同樣，想減肥，就不要老和喜歡吃 Buffet、燒烤的朋友一起出去吃飯；想健身，就多交幾個愛健身的朋友；想考研究所，就和補習班裡幾個下決心一定要考上的人一起複習。

第二，找到替代壞習慣的方法。

一個人能不能戒掉壞習慣，和懂不懂道理沒有絲毫關係。如吸菸有害健康大家都知道，但很多人就是戒不掉。有些人把這種現象歸結於缺乏毅力，但實際上，這和個人毅力的關係也不是很大。很多壞習慣的形成都是有原因的，那些原因不消除，再有毅力也沒用。譬如很多人無法徹底戒菸，是因為生活中有壓力，而吸菸可以幫他們解壓。

克利爾在《原子習慣》中提出了一個建議，簡單講就是疏導。如果一個人發現自己吸菸是因為有壓力，那就找其他紓壓的方法。替代方法找到了，戒菸就會容易很多。否則，等到有壓力的時候，他還是會想要找菸抽。

我雖然不抽菸，但是有一個吃零食的習慣。後來醫生告訴我，這其實也是很多人緩解壓力的一種方法。我進谷歌不到一年，胖了好幾公斤，倒不是因為缺乏鍛鍊，而是吃得太多。

特別是工作緊張的時候，我就愛到休息室去吃點零食——那裡的冰淇淋、巧克力和洋芋片都是免費的。後來我發現，其實還有一種放鬆的方式，那就是找人聊天。於是，我大約每工作兩個小時就去一次休息室，泡一杯咖啡或者一杯茶，然後逮著人就聊十分鐘，放鬆了再回辦公室。就這樣，我吃零食的習慣也慢慢戒掉了。

杜希格有過和我類似的情況，他也是動不動就想到餐廳找吃的。後來他發現，自己其實是需要和別人聊天才去餐廳的。於是，他改為每隔一小時在辦公室找周圍的一些人聊天。很快地，他就不再總是想著去餐廳找吃的了，而且體重減了將近十五公斤。

人有時候戒不掉壞習慣，是因為沒有找到它背後的原因。因此，不要把改不掉壞習慣簡單歸結為缺乏毅力。相比於提高毅力，更好的方式是找到壞習慣背後的原因及其替代方法，這樣再去戒就會容易得多。

第三，把改變習慣的注意力放在啟動上，而不是完成時。

萬事起頭難。很多人想每天跑步，事先想得很好，覺得只要花半個小時就可以了，但是能做到的人其實很少，這主要是因為他們懶得換鞋子、換衣服、下樓，或者懶得去健身房。

但是，只要換好運動服裝，開始下樓，後面的事情就很簡單了。哪怕只打算跑五分鐘，等他們真的跑起來了，就會發現跑五分鐘和二十分鐘的麻煩程度，幾乎是相同的，於是通常就會跑足夠長的時間，直到累為止。

很多人覺得，如果一件事容易做、方便做，就能養成習慣。克利爾在《原子習慣》裡也講了這個觀點。不過，根據我的觀察，雖然不能說是否堅持做一件事與這件事的難易程度無關，但兩者的關係也沒有那麼大。下面不妨來看一下三個很小的例子。

第一個例子，早上起床。很多人喜歡賴床，鬧鐘響了，想著按掉之後再睡三分鐘，但常常一睡又是十分鐘、二十分鐘。早上的時間本來就緊張，少了這十分鐘，可能就會被堵在上班的車流中，最後晚到公司半個小時。聽到鬧鐘響就起床是件再容易不過的事了，但是很多人都做不到。

第二個例子，用跑步機跑步。不少人家裡都有跑步機，但大部分人是當作裝飾用，剩下的小部分人中，也只有極少數會定期使用。買跑步機顯然是為了更方便跑步，更便於養成鍛鍊的習慣，但是對大多數人而言，更方便並沒有讓他們養成跑步的習慣。

第三個例子，手機、電腦上的各種學習軟體和線上課程。很多軟體開發者的初衷很好，想要提高青少年學生學習的趣味性，特別是要幫助學習困難、成績較差的學生取得進步。但最後的結果是，有學習意願的人，不管有沒有這些工具都在學，只是有了以後進步更快；沒有學習意願的人，則不會因為有了這些工具，而養成好學的習慣。

到底該怎麼做，才能有助於養成某個習慣呢？事實證明，遇到上述情況，人是需要點狠勁的，不要把注意力放在怎麼才能做完這件事上，而要放在每天必須開始上。如早上習慣賴床，就要有點狠勁，鬧鐘一響，馬上一骨碌爬起來，其他的事情稍後再說。想鍛鍊，時間到了就去換鞋，哪怕今天不想跑，也要先把鞋換上。

我在約翰·霍普金斯大學讀書時，晚上經常去游泳。雖然是室內游泳池，但在冬天，換了衣服後，我還是要磨蹭好一陣子才會下水。後來我想到了一個辦法——到了游泳池邊，腳伸下去感受一下水溫，然後就直接跳下去。這不是一個科學的下水方式，但卻是能夠保證我毫不猶豫下水的最有效方法。

一直這樣迅速啟動，只要能堅持二十一天，就習以為常了。而能夠啟動，習慣也就形成了。

第四，養成習慣不怕慢，就怕停下來，甚至走回頭路。

減肥的人肯定對此深有體會，因為一旦停下來，就會前功盡棄，甚至還會復胖。這個原因其實也很簡單，短期的減肥只是讓脂肪細胞變小了，但它們的數量並沒有減少，所以只要一停下來就會反彈。

我的醫生告訴我，要想真的減肥，就要堅持七年左右的時間，要等到老的脂肪細胞都死掉，而且身體適應了新的狀態。在這麼長的時間裡，減肥速度的快慢不重要，重要的是不能停，更不能走回頭路。很多人一開始決心很強，目標訂得很好，但越是這樣，就越難持久。因此，要改變習慣，長期堅持做一件事情，就需要降低做事情的門檻，讓自己不容易停下來。

——

說到培養習慣或者改變習慣，每個人可能都有自己的方法，因為他們都有容易做到的事情和相對較難做到的事情。但是，有兩點對所有人來說都是一樣的。

第一，不斷用好習慣代替壞習慣。

第二，特別注意那些小習慣，因為看似不經意的小習慣，可能會產生巨大的影響。當然，比改變習慣更重要的，是要注意一開始就不要染上壞習慣。

當改掉一個小的壞習慣，或者培養起一個小的好習慣，哪怕它們再小，生活品質也能在不需要額外資源、花額外功夫的情況下有所提高。

16／個人發展，追求廣度還是深度

很多人會糾結於自己到底該成為專才，在一個領域多花功夫，還是應該成為通才，在各個領域全面發展。這兩種發展方向其實並不是完全對立的，只是重點不同。

關於如何培養專才，最有影響力的一本書，可能要算麥爾坎・葛拉威爾（Malcolm Gladwell）的《異數》（Outliers:The Story of Success）。在這本書中，葛拉威爾提出了幾個非常鮮明的觀點，如一萬小時定律，即想要做好一件事情，就需要花一萬小時專門練習；又如先發優勢的決定性作用，即只要生對了月份，一開始比同年級同學大幾個月，再表現稍微好一點，就容易成為孩子王，後來也更有可能成為領袖。這些觀點有沒有道理？有，因為它們有足夠多的統計資料支援，而大量統計資料的背後，是內在的必然性聯繫。

但是，葛拉威爾的觀點可能並不全面，或者說有嚴格的使用場合。因此，美國作家大衛・艾波斯坦（David Epstein）寫了《跨能致勝》（Range）一書，專門針對葛拉威爾的幾個主要觀點，提出了不同的看法。像是針對一萬小時定律，艾波斯坦指出，這只適用於非常強調專業性的領域，如競技體育、藝術、科學研究等。其實，世界上很多職位需要的是通才，如果每一種才能，都要花上一萬小時才能習得，時間遠遠不夠用。另外，針對早年的先發優勢，艾波斯坦認為它對長期發展而言幫助不大。

Range直譯就是「範圍」「廣度」的意思。可以說，葛拉威爾在強調培養專才的深度，艾波斯坦則在意培養通才的廣度，他從四個角度論述了自己的觀點：

第一，世界上的事情可以分為兩類。一類是規則明確，如學鋼琴、打高爾夫球、做銷售、寫程式。這些事情的成功標準非常清晰，因此適用一萬小時定律。另一類是規則不明確，例如創業。我在《軟能力》一書中，對比了成為億萬富翁和登上聖母峰哪件事更難。從成功人數上看，前者更難。

這是因為攀登聖母峰的目標清晰，訓練方式固定，所有成功登頂的人，攀登的都是同一個地方，甚至登山路線也只有兩條。只要身體條件允許，再經過專門訓練，你就有希望成功。成為億萬富翁則完全不同，一百個人有一百種方法，且分布在不同的領域，沒有任何億萬富翁是完全靠複製前人的做法取得成功的。艾波斯坦認為，對於這樣的事，就算投入大量時間，練會了某項單一技能，意義也不大。他還特別提醒我們，要警惕那種「因為自己手裡有一個錘子，所以看什麼都是釘子」的思維方式。

第二，專業人士的判斷未必更可靠。或者說，判斷的可靠性，未必會隨著專業能力的提升而提升。

舉個簡單的例子，有二十年投資經驗的人，對某家上市公司的判斷，就一定比剛入行五年的人準嗎？未必！有時他們的表現，甚至還不如只有基本常識的普通人。這樣的例子，不僅出現在對股票或選舉結果的預測等方面，也出現在做產品、搞研究等方面，甚至會出現在非常需要經驗的醫學領域。但是，很多專業人士太過相信自己的訓練和固有的方法了。

艾波斯坦還舉了一個很特殊的例子。一項研究發現，心臟衰竭或者心臟驟停的病患，如果在全國心臟病學會議期間被收治，死亡的可能性反而會降低。這項研究推測，可能是因為心臟病專家忙於開會，沒時間做手術，而手術本身有風險，於是總量的減少帶來了患者死亡數量的減少。換句話說，有些患者不做手術，或許還能活過這段時間，做了手術反而喪命了。這個統計結果提醒我們，即便是在醫學領域，專家的判斷也有可能是不準確的。也正是因為這一點，很多時候才需要專家們一同會診。

第三，方向比毅力更重要。艾波斯坦也承認毅力是個好東西，但一味堅持、永不言退，甚至一條道走到黑，卻未必是好事。這一點已經被很多人接受了。

世界上成功的道路千千萬，但我們很難知道自己選的路是否正確。如果走在錯誤的道路上，那越有毅力可能結果越糟糕。當然，這個結論並不是艾波斯坦拍腦袋想出來的，他也研究了歷史上很多成功的案例，其中給我留下比較深刻印象的是梵谷的例子。梵谷年輕時做過牧師、傳教士、店員、藝術品交易員，他對每份工作都很認真，但就是做不出成績。直到接近三十歲，他開始學習繪畫，並且沉迷其中。最終，他以畫家的身分流芳百世。

第四，很多領域的成功都需要通才。我們和艾波斯坦一樣，都能舉出很多實際的案例。

不過，大家對這個結論並沒有什麼異議，這裡就不多說了。

整體而言，當我們面對複雜問題，特別是沒有明確衡量標準的問題時，廣度可能比深度更有用。人要懂得放棄和退讓，不要一根筋地只知道往前走。後退一步看似多花了時間，但可能會讓我們找到正確的道路，進而節省時間。每一次拓寬人生道路的嘗試，只要處理得好，都會成為一生的閱歷。

艾波斯坦舉了賈伯斯的例子，說他當年旁聽的一門書法課，在後來設計蘋果麥金塔（Macintosh）電腦和其他產品時發揮了作用，因為他對藝術的感悟，很大程度上來自這門課。

你要成為什麼樣的人

接下來的問題是，成為專才和成為通才，哪個對自身更重要？特別是當我們沒有足夠多的時間和精力，成為每個領域的專家時，該如何設定優先順序？

首先，我們必須清楚地認識到，成為專才和成為通才並非完全對立的，而是可以並行、互補的。但是在絕大部分必須做一個選擇時，依據就是你要成為什麼樣的人。

我依照廣度和深度這兩個維度，把人分為四類。

第一類人，既沒有廣度，也沒有深度，這自然不是我們的目標。

第二類人，既有廣度，又有深度，如孔子、亞里斯多德、達．文西、牛頓、愛迪生、賈伯斯等。不過，這類人在世界上可能連萬分之一，甚至百萬分之一都不到。我們能說出不少這樣的人，是因為他們站在聚光燈下，吸引了人們的目光。如果到現實生活中看看，可能一個都找不到。當然，若將要求放低一點，只說有一定深度和廣度的人，或許還能找到一些。

第三類人，有深度，但沒有廣度。這種人我們身邊應該有不少，甚至我們自己就屬於這一類。

第四類人，有廣度，但沒有深度，這種人也比較多。

事實上，絕大部分人能做的，就是在第三類和第四類中選擇。而聰明一點的做法，是看看自己成為哪一類人更容易，同時注意自己生活的環境中，哪一類人更受歡迎。據我觀察，絕大部分時候，第三類更容易成功，也更受歡迎。在現實生活中，比起廣度，大多數人欠缺的還是毅力。

想成為通才並沒有錯，但很多人只是把「成為通才」當成半途而廢的藉口。當然，這並不意味著我完全否定艾波斯坦的看法，他的思考仍然能給我們很多啟發和提醒。實際上，艾波斯坦講的「廣度」也不是蜻蜓點水、多而不精，他也談到了在保持一顆開放心靈的同時，也要選擇某個領域往深處走。

講到這裡，你可能已經發現了，我真正想說的，並非成為通才和成為專才哪個更重要，而是如何同時接受兩種看似對立的觀點，把它們變成自己的知識工具，在不同場合合理地使用。

很多人常常會在閱讀或者聽到他人想法時，陷入一個迷思——當對方的觀點和自己的經驗一致時，就會覺得它們特別符合自己的胃口，進而理解非常順暢，甚至不假思索地接受它們。像有人讀了《異數》，聽到一萬小時定律，覺得很有道理，然後就為自己簡單、低水準的重複工作找到理由。其他人問起來，就拿出一萬小時定律當藉口。

同樣，有人讀了《跨能致勝》，就為自己不在一條路上深入前進找到藉口，說自己要成為一個通才。很多人平時徵求他人的意見，並不是真的想以此為參考，而是想為自己的想法尋求支持。

人要多讀書，要廣泛聽取不同的建議。但想要透過這麼做，來達到預期的效果是有前提的，那就是你必須能夠包容各種不同的觀點。對於他人的觀點，既不應該輕易接受，也不應該直接拒絕。他人看問題的不同視角，給出的不同觀點，恰恰是我們所需要的提醒和啟發。

譬如，一開始你覺得一萬小時定律很有道理，但自己試了試好像不靈，然後就不知所措了。這時如果你讀到《跨能致勝》這本書，就會發現一萬小時定律的成立，還需要其他條件。這樣一來，兩本書中看似不同的觀點，就發揮了互補的作用。

世界上沒有人能把所有道理的使用範圍和場景，替我們講清楚。因此，要透過多讀書，讀不同的書，來理性思考自己得到的結論。

17／有效進步比快速進步更重要

如果你讀過我的一些書，就會發現我總是在強調「長期」「有效」這兩個詞，卻很少講「快速」。一方面，這是因為有效才是真正的目的，速度快一點慢一點倒在其次；另一方面，也更重要的是，很多時候所謂的快速是無法持久的，最後也不會有什麼效果。

人一輩子會遇到很多問題、麻煩和苦惱，需要掌握一些有效的方法來解決它們。這裡，我先分享一段小時候的經歷。

大約四歲的時候，我第一次對死亡有了恐懼。具體的原因已記不清，大約是在南京的街頭路過一家醫院時，看到有人抬著擔架，聽大人們說是死了人，我印象中當時還有一輛印著紅十字的救護車。從此，醫院、救護車、紅十字都讓我感到恐懼。

後來我在清華的綿陽分校上小學時，和家人住在筒子樓（此種建築設有長長的走廊，兩端通風，因形狀如筒子，故名）裡，要走四五百公尺的路到鍋爐房倒開水，中間要經過校醫院。六七歲的時候，我特別怕一個人經過校醫院。那時我父母還特別忙，需要天天參加政治學習，倒開水成了我的事情，每天都不得不經過那個讓我恐懼的地方。在那幾年裡，每次快走到那裡時，我就半閉上眼睛，堅決不往校醫院的方向看，然後快速走過。

長大以後讀《奧德賽》，我發現裡面講了這樣一個故事：英雄奧德修斯（Odysseus）帶領船隻航行經過賽蓮（Siren）女妖出沒的西西里海域。賽蓮女妖能歌善舞，歌聲特別媚人，水手們到了那裡都會被歌聲吸引過去，最後觸礁身亡。於是，奧德修斯就下令，讓水手們用蜂蠟塞住耳朵，這樣就聽不到賽蓮美妙的魔音，也就不會為之誘惑觸礁而亡。同時，出於對賽蓮女妖美妙歌聲的好奇心，奧德修斯命令水手們將他綁在桅杆上，不論他如何懇求，都不要鬆綁，直到通過那個海峽。

讀到這裡我就在想，奧德修斯的做法，和我過去面對校醫院的做法是一樣的，雖然他的水手們面臨的是誘惑，我面臨的是恐懼，但都是由於對特定的情境有所預知。既然知道了恐懼或者誘惑的存在，而我們又不知道如何消除它們，最有效的辦法就是預先做好應對準備，忽視它們的存在，這樣就不會影響自己原本要做的事。

這兩個不同的故事其實有兩個關鍵字，一個是正確的「自我認知」，另一個是有效的「自我調節」。只有正確認識到特定情境對自己行為的影響，才能提前防範所不希望發生的危險。自我認知和自我調節，就是實現有效進步的第一步。

形成自我認知有些時候很容易，有些時候很難。像我怕醫院，這個我很容易就能知道，奧德修斯想知道賽蓮女妖對自己有什麼影響則要難一些。當然，由於有前車之鑑，知道之前船毀人亡的事件，他還是能夠做出比較準確的推測。

但還有很多時候，我們無法解釋自己行為的原因，自我認知就變得很困難了。像有人會在辦公室和同事吵架，於是造成對團隊都很糟糕的結果。但是，很多人並不清楚自己為什麼會突然暴怒。因此，雖然知道在辦公室吵架不好，但下一次同樣的毛病還是會再犯。也類似很多人炒股必輸，輸後必炒，毛病永遠改不了。

解決上述問題的有效辦法有兩個，第一個簡單易行，第二個比較難，但可以從根本上解決問題。

先來看簡單易行的辦法——像前面講的兩個故事那樣，一遇到相似的情況，就馬上啟動防範措施。如又想炒股了，就趕快把錢都交給太太，讓太太把所有帳號的密碼都改了。我的藝術史老師王乃壯教授講過他的一次經歷。他對什麼事都愛發表看法，為此吃了不少苦頭，但總是改不了。於是，一位朋友就讓他在衣服口袋裡放一個小瓶子，每當想要開口時，就把手插進口袋裡，摸到小瓶子，亦即要「守口如瓶」。

這個辦法簡單、見效快，但它實際上是繞過真正的問題，並不治本。另外，如果人老是逆著自己的想法做事情，長期受壓抑，可能會因此而鬱悶，甚至產生心理疾病。所以，還需要有一個能從根本上解決問題的方法。這個方法分為三個步驟。

第一步，事後要記錄事情的經過和結果。如小王又在公司和同事吵架了，他很生氣，就扔下手裡的工作，結果被經理嚴厲批評，還被扣了獎金，組裡的合作事項也受到影響。如果把這件事情記錄下來，小王就會發現，不管和自己吵架的同事有沒有錯，自己的行為顯然有不當之處。

人通常都不願意向別人認錯，即使明知道自己錯了也會如此。而長期不認錯，結果就是會慢慢養成總覺得自己沒錯的習慣思維。但如實記錄下自己的行為，即便不去向他人認錯，也能知道自己做的究竟對不對。或者說，即便不向別人認錯，至少也要對自己誠實。而對自己誠實，是對他人誠實的第一步。

第二步，反思一下事情發生的原因。如果回溯起自己和同事吵架之前的事情，小王可能就會發現，他之所以情緒爆發，是因為一大早和妻子有過爭吵，或者前一天孩子帶回來一份很糟糕的成績單，又或者和那位同事之前有嫌隙，讓他心裡早有不痛快。如果是前兩種原因，那小王要做的，就是把工作和生活做一個切割，不要讓家庭事務影響自己的工作情緒，也不要把工作中的不愉快帶回家裡。如果是最後一種原因，那他要做的，就是及時解決和同事的每一次糾紛，以免累積怨氣，引發爭執。

前兩步是對事情的處理，接下來是第三步——一步步落實到日常行動中，用具體的行動改變自己。一般來講，有四個方法。

方法一，用積極的陳述代替消極的陳述，用積極的行動代替消極的行動。如不同意別人的意見，既可以激烈地反對，也可以在肯定對方意見中的合理因素後，提出自己的替代方法。相較之下，後一種辦法顯然更容易被人接受。

有人炒股總是賠錢，卻又忍不住想要炒，那就不如想辦法做點別的、能夠穩定賺錢的事情。譬如外語好的人，不妨接點翻譯的工作來做。有人總想上淘寶買東西，買回來又覺得沒有用，那不如在忍不住想買東西的時候，把那些商品的價錢記下來，將同樣的錢用紅包孝敬父母，或者乾脆捐出去。總而言之，如果自己總是做一些消極的行動，與其懊悔不已，不如用某種積極的行動把它替換掉。

方法二，對於可能出狀況的事，要進行預演。像今天要討論方案，那事先就得想好，如果老李反對，我該怎麼和他溝通；而不是什麼準備都不做，等到老李反對時就傻了，然後開口就是吵架。好的口頭表達背後是仔細的準備，這個準備就包括預演。

一九七九年，十名恐怖分子劫持了一架法國航空的班機，降落在烏干達的恩德培國際機場，要求釋放被囚禁在以色列及其他幾個國家的五十多名恐怖分子。在釋放了飛機上所有非猶太裔乘客後，恐怖分子將一百零五名猶太人和機長，關押在機場的航廈裡。以色列政府假意接受恐怖分子的要求，實則決定採取武裝行動，營救剩餘的人質。

他們組織了一支大約有一百名以色列突擊隊員的特種部隊，長途飛行四千多公里，途中繞開多國的雷達站，成功占領機場航廈，擊斃劫機的恐怖分子，順利解救出人質。直到今天，這次成功的行動依然被認為是奇蹟。

這麼高難度的行動，為何能夠順利完成呢？這是因為以色列事先進行了充分的預演。恩德培國際機場是由以色列的建築公司所建造，他們還保有機場的藍圖。以色列軍方按照圖樣修建了一個一比一的模型，擬定了攻擊方案，然後不斷演練，不斷優化。最後，真正的行動幾乎就和事先演練的一模一樣——十分鐘攻占航廈，二十分鐘解救人質，十分鐘檢查，十二分鐘返回飛機。從這支特種部隊的第一架飛機在該機場落地，到最後一架飛機起飛返航，只用了短短的五十多分鐘。

方法三，找一個榜樣，向榜樣學習。如果覺得自己總是在某個方面做得不好，就想想身邊有什麼人在這方面做得好，然後觀察他是怎麼做的，遇到事情時猜想他可能會怎麼做。以前我太太有時會對我說這樣的話：「如果（李）開復遇到這件事，他會比你冷靜。」這時我就會想，確實，在處變不驚這方面，李開復值得我學習。

方法四，分析、拆解自己的目標，循序漸進地改變。例如我在前文提到的、對醫院恐懼的過程。隨著年齡的增長，我先是慢慢地不再恐懼紅十字了，然後也不害怕救護車了。再來，醫院去得多了，我對它的恐懼心理也消失了。在這個過程中，先是大人陪著我去醫院，後來就是我自己去。這個過程很長，要慢慢來。如果一開始大人就強迫我一個人去醫院，那我的恐懼心理可能還會加劇。

約翰·霍普金斯大學的教育學院在美國名列前茅，該學院曾為了進行各種教育的嘗試，而收購巴爾的摩市的一所學校，在那裡進行教育改良實驗。這所學校位於貧民區，因此，教育專家們首先要解決的問題，不是如何教育好學生，而是如何讓他們來上學、如何讓他們不害怕學校——對某些貧民區的學生來說，蹺課已經成了習慣，一進入校園就會感到焦慮。

為了改變這種狀態，教育專家們決定慢慢調整學生的心態。像是先讓他們在校園裡從事與上課無關的活動，如在操場上玩飛盤；然後，讓他們幾個人試著坐在教室裡看書，其間不讓其他人去干擾；接著，請他們看著其他人上課……經過這樣循序漸進的調整，這些學生最後終於有意願坐在教室裡上課了，而不再一走進學校，就只想拔腿離開。

當你確定目標之後，不是先直奔目標而去，要將這個目標拆分成一些小目標，透過完成它們，逐步逼近最終目標。

當然，有效的進步不可能一次就取得，它是一個過程，可能還很漫長。一旦取得了一些進步，就要不斷強化、鞏固效果，直到新的行為方式，變成自己的自然習慣。只有這樣，才算是真正實現了有效的進步。

回到本節一開始所對比的「有效的進步」和「快速的進步」。很明顯地，真正能取得效果的進步不一定能快得了。

「快」不應該成為追求的目標，「效果」才是。

18／用系統論的方法優化自身

幾年前人工智慧熱的時候，人們總在討論一個問題：人工智慧的智力水準，大約相當於幾歲的孩子？或者說，如果把人工智慧的智力，和人類進行全面的比較，它是更聰明還是更笨？絕大部分人認為，人工智慧肯定沒有人類聰明。其實這個問題沒有太大的意義，因為人工智慧的智力和人類的智力是兩回事，兩者是不可比較的。就如同橘子和香蕉雖然都是水果，但不具有可比性一樣。

但是，如果把人類的許多行為和電腦做一下對比，就會發現人類真的很不長進，會一代人接著一代人，不斷重複同樣的錯誤。當然，到某個具體的人，從小到大還是在成長的，但成長的效率真的不算高，以至於很多人身體長成了大人，心智卻還是孩子，即便到頭髮花白的時候，該有的社會經驗也還沒有培養起來。

相比於人，電腦的進步可就有效多了，一旦發現某個錯誤，同樣的錯誤就不會犯第二次。可以說，電腦的進步是系統性的，人的進步則有很大的隨意性。

我們常說窮則思變，這裡的「窮」和「困」是同一個意思，指陷入了困境，不一定是指沒有錢。改變是需要的，但更重要的是，需要的是向好的方向的改變，而不是隨意的改變；是具有一致性的改變，而不是忽好忽壞的改變；是可控的改變，而不是不受節制的改變；是全面性的改變，而不是頭痛醫頭、腳痛醫腳的改變。在這四個方面，不得不說，今天機器學習的演算法比人類做得好。而且，機器透過學習改進自身的很多做法，都值得人類借鑑。

機器學習的原理並不複雜。首先，機器被看成一個可以改進的系統，並且透過機器學習的演算法，對系統進行一點點改變。然後，機器再根據改變後所得到的回饋，決定是否要沿著原來的方向改變。這其實就是系統論給出的、對任何系統都有效的改進辦法，其核心有兩個：**一個是目標設定，另一個是回饋機制**。

例如，電腦學習下圍棋，它的目標是圍出超過一半的空，回饋機制則是每走一步棋，就看看是離這個目標更近了還是更遠了。當然，這個方法管用的前提，是輸入給電腦學習的資料必須為準確的。如果把輸棋的走法當作贏棋的走法教它，它就會越學越糟糕。

人其實也是一個系統，一個比任何機器都複雜的系統。因此，適用於所有系統改進的方法，也適用於人類。

眼睛盯在哪裡，被什麼人感動，就會成為什麼樣的人，這其實就是目標設定。而在學校，你做了某件事情被獎勵，做了某件事情被懲罰，這就是回饋機制。每個人一出生都是一個空白的系統，長到三十歲左右，成了一個很複雜的系統，這都是被「目標」和「回饋」塑形的結果。

目標設定

在對孩子的教育中，目標設定有兩種方式，第一種是為孩子樹立一個榜樣作為目標，第二種是為孩子樹立一種思想信念作為目標。具體來說，第一種就是講一些人物的故事，透過故事將道理傳達給孩子，讓他們向這些人學習。第二種則是引導孩子建立起信念，譬如人應當以過好自己的一生為目標，而好的人生就是一個人能夠與人類的智慧相連，發揮出自己的才智，促進文明進程的發展。

對孩子來說，第一種方式更容易理解。因為孩子的思維就是，這個人是「好人」，那個人是「壞人」；這個人是「英雄」，那個人是「壞蛋」，然後去模仿「好人」和「英雄」的做法。但這是一種很簡單的思維方式，而家長和學校在教育中，過多地使用這種方式。更糟糕的是，他們有時甚至會編造一些虛假的故事，來讓孩子接受某些品德。像是多年前，小學課本有一個關於西方石油公司總裁阿曼德·哈默（Armand Hammer）的故事，情節大致是這樣的：

在一個寒冷的冬天，美國南加州的小鎮上來了一群逃難的人。當地人很善良，拿出食物款待他們。這些逃難的人連一句感謝的話也不說，就狼吞虎嚥地吃了起來。其中只有一個骨瘦如柴的年輕人與眾不同，當鎮長將食物送到他面前時，他問對方有沒有什麼工作需要他效勞，並堅持用勞動來換取食物。

鎮長對年輕人十分欣賞，於是給了他一些差事做。後來，鎮長甚至把女兒許配給這個年輕人，並且對女兒說，別看他現在什麼都沒有，但他將來一定會成為百萬富翁，因為他有尊嚴。二十多年後，這個年輕人果然取得了巨大的成功。他就是石油大王哈默。

對小孩子來說，這個故事可能很打動人。但如果對美國稍微有一些了解，你就會發現它其實漏洞百出。首先，南加州的緯度很低，即使是冬天，氣溫也有攝氏二十度左右，並不嚴寒。其次，南加州的地理位置相對隔絕，除了向南與墨西哥接壤，向東是沙漠，向西是太平洋，不大可能有大批難民出現。

當然，最關鍵的地方在於，哈默生於美國東海岸的紐約，父親名下有一間診所和五家藥店，因此他其實是個「富二代」。哈默就讀於名校哥倫比亞大學，在大學時期就和哥哥一起接管了父親的藥店。他們兄弟眼光敏銳，在當時美國禁酒的大環境下，靠著從生薑汁裡提煉酒精的替代品而發了財。一九一九年，也就是哈默二十一歲的時候，他和哥哥經營的公司，就達成了百萬美元的銷售額。

哈默一生結過三次婚，三任妻子分別來自蘇聯、美國的新澤西州和伊利諾州，沒有哪個是南加州小鎮鎮長的女兒。而且，和故事中那個堅持原則，甚至有些固執的形象相比，現實中的哈默之所以能取得巨大的成功，某種程度上恰恰是因為他身段柔軟、善於投機。

如哈默大學畢業後，就去了蘇聯投資開工廠，而當時西方世界是不和蘇聯來往的；三十歲時，他回到美國投資釀酒和畜牧業；五十八歲時，他又帶第三任妻子到加州投資石油產業，並且和當時與西方世界對立的社會主義國家做生意，最後成了石油大王。

哈默的人生，是一個典型的商業家庭孩子繼承祖業，靠不斷冒險成就一番事業的過程，與那個杜撰出來的故事沒有半點關係。前幾年，那個故事已經從小學課本中移除了，但在孩子們的成長中，像這樣編造出來的故事實在是太多了。

尊嚴很重要，但拿編造的故事告訴孩子尊嚴的重要性卻是有害的。用編造的故事講道理，就如同教你下象棋，為了強調「車」的重要性，人為地在它的前面放了一堆棋子，讓你的「車」一個個吃掉。吃起來確實很爽，但到了真正對弈時，你可能會發現往前走要被「馬」踩，往旁邊挪要被「卒」拱。這時，你可能會開始質疑他教得對不對。

人接受教育也是如此。當那些滿懷信心、堅信尊嚴的年輕人進入社會，被老闆狠狠地臭罵一頓後，才會發現那個愛惜年輕人尊嚴的小鎮鎮長並不存在。而且，當他們發現這個故事是假的之後，還可能會覺得裡面的道理也是編造出來的，繼而否認這些原本正確的道理。

在我做第一份工作時，大老闆上來就把我們這些剛進公司的大學生，劈頭蓋臉地教訓一番，讓我們知道社會上的人，不會像家長和老師一樣愛護我們。很快我們就聯合起來把這個老闆「炒」了，但事後想起來，我覺得其實要感謝他，因為他毫不掩飾自己的行為。別人私底下做的惡事，他一次都做了出來，讓我們在進入社會後的第一個月，就明白了社會不是學校。

其實要解決這個問題，最簡單的辦法就是：**不要迷信有關英雄的故事，而要相信賢者的思想，「與賢者為伍，與智者為伍」**。故事可能是編造的，但流傳千年的先賢思想一定是真實的。如果你分不清哪些故事是真的，哪些故事是編的，那按照賢者、智者的思想去做就好了。同樣是關於尊嚴，孔子、孟子和佛陀都有精闢的論述，又何必要聽那個編出來、有關哈默的故事呢？

回饋機制

在樹立好一個正確的目標之後，接下來就要透過回饋機制，優化自身這個系統了。人在成長的過程中，接觸到的回饋機制有兩種。

第一種是學校的作業和考試機制，你可以透過做作業、參加考試，來獲得及時而又準確的回饋。練習題有沒有做對，馬上就能知道。而沒有做對練習題，說明這一兩堂課沒有學懂，就要把做錯題目有關的內容再學習一遍。一次單元測驗沒考好，你就知道這個單元有些內容沒有搞清楚。如果請了家教或者輔導老師，就可以很快幫我們把那部分掌握得相對薄弱的知識補上。即便沒有小測驗，到了期中或者期末考試，也總能得到有效的回饋。

此外，學校的回饋機制對不同問題給出的回饋，是彼此獨立的，不會互相干擾。英語沒學好，不影響對數學的學習；物理沒學好，也不影響對語文的學習。這種彼此獨立、非常具體的回饋，可以讓學生直接找到問題的原因——數學沒有考好，不用去英語課找原因，因為從數學課得到的回饋和其他課程都無關。絕大部分的年輕人，都已經在十多年的學校教育中，習慣了這樣的回饋機制，以及這樣的學習和進步方式。

第二種回饋機制，與在學校建立的回饋機制很不同，我把它稱為真實世界的回饋機制。它未必及時，可能也不完全準確，更複雜的是，它不是孤立的。例如，一個人想做一種新產品，可能要花上兩三年的時間，才知道自己做得好不好，以及能不能做出來。當他得到回饋時，這兩三年的功夫可能已經白費了。

在這個過程中，他或許得到過部分回饋，像是主管說他做得不錯，但這可能只是為了安撫和鼓勵他。更要命的是，外界對這個問題的回饋不是孤立的。比如這種新產品做不出來，可能不是因為設計存在問題，而是因為加工工藝不過關，甚至是因為材料達不到設計要求。如果產品做出來了卻賣不出去，可能不是產品沒做好，而是市場推廣的哪個環節出了問題。因此，除非從事非常簡單而又具有重複性的工作，否則很難從具體的回饋中，直接找到根本原因。

在真實世界中，很多時候你得到的回饋，都是整體性的、模糊的。如面對一個方案，即便在絕大部分地方都做得很好，但只要一個地方出錯了，就可能會前功盡棄。而這時，你不會因為「絕大部分都做得很好」，就得到一個九十分的回饋，而是只能得到一個「完全失敗」的結果。再如選擇工作或換工作，則需要很長時間才能得到足夠準確的回饋，甚至一開始得到的部分回饋，和最終的結果可能是矛盾的。

人類的職業圍棋高手對弈時，得到的回饋只能讓他們對局部的局勢進行判定，而無法讓他們判定清楚全域的情況。相比之下，人工智慧AlphaGo（阿爾法圍棋）在這方面的能力就要強得多。

二〇一六年年末到二〇一七年年初，中日韓三國的圍棋高手，和它對弈了六十盤快棋都輸了。很重要的一個原因就是，AlphaGo下的某些棋，所產生的結果是全域性的，而人類棋手根本無法在局部看明白。那些他們一開始認為像是業餘棋手下的棋，最後都對AlphaGo確立全域優勢產生了決定性的影響。等到人類棋手得到全域性的回饋時，為時已晚，輸贏已定。

這一切都告訴我們，不要把學校裡很多做法帶到社會上。在學校那種回饋機制裡，即使是被認為是聰明的人，但按照那種回饋機制訓練出來的模式努力，在真實世界中可能是靠不住的。

那麼，究竟該怎麼做呢？雖然面對具體的問題，總要採用具體的做法，但人類歷史上一些智者，已指出大致的行動指南。如亞里斯多德就提出有效的方法，概括起來有兩個重點。

第一，要掌握最基礎的知識和底層的方法工具，就要忘掉那些必須依賴於及時回饋才有效的經驗。

世界上有很多知識和經驗，都是經過千百年反覆檢驗的，或者說已經經過各種回饋並不斷優化的。這些知識和經驗被稱為專業性的常識。如學習游泳，不需要經過一番掙扎，才找到正確的划水姿勢，游得快且相對省力的基本划水姿勢，已經被優化得差不多了。

雖然每個人還可以根據自身條件進一步優化，但是只要掌握了基本方法，之後也就所差無幾了。

那麼，基礎的知識和底層的方法工具要怎麼獲得呢？可以自己學習，慢慢領悟，但也有更高效的做法。**這就是第二點，要接觸更多有經驗的人，盡可能多從他們那裡獲得社會經驗和閱歷。**

每個行業都有自己長期發展沉澱下來的經驗，置身其中的「老兵」和前輩都知道，想要獲得這些經驗，就要謙虛地向這些人請教，要善於發現身邊人的優點，但凡遇到的人有比自己強的地方，就應該把他們當作老師。

我們可以把他們獲得的回饋，當作自己獲得回饋的一部分。研究表明，在有兩個以上孩子的家庭中，較小的孩子會顯得相對乖巧，原因是他們會觀察哥哥姐姐在做錯事情後得到的回饋，從而避免犯同樣的錯誤。這就是把別人的回饋變成自己的回饋很好的例子。

——

系統論只是一個工具，可以用它來幫助自己理解如何優化一個系統，包括如何優化自身這個系統。設定合適的目標，確認自己的行為和目標之間的差距，建立回饋機制，利用各種回饋資訊來改變習慣，從而改變自己，是獲得有效進步最簡單直接的辦法。

機器和人很大的不同之處在於，它會認準一個目標不斷改進，人類則不可避免地會左右搖擺。在這一點上，人類或許應該向機器學習。

19／天才究竟是什麼樣子

人們通常會高估自己的能力，當然，父母也會高估自家孩子的能力。我經常聽到一些父母說：「我們家小明挺聰明的，就是有點淘氣。」其實，在遇到真正的天才之前，我們都無法想像他們有多麼聰明。我到美國之後，陸續遇見過很多在各行各業裡，取得數一數二成就的人，包括十多位諾貝爾獎和圖靈獎獲得者、幾位能排進世界前十的企業家、榮獲普立茲獎的新聞工作者，以及一些世界頂級的藝術家，才終於體會到這一點。

大部分時候，人們只是把比普通人強一點的人當成天才。但是，當你了解真正的天才有多麼優秀時，就會知道彼此之間的差距有多大。這時，你可能反而會更加勤勉地做事情，而不會再迷戀那一點小聰明。我就以鋼琴家這個群體為例，來說說天才究竟是什麼樣子。

說到鋼琴，很多人會想到蕭邦國際鋼琴比賽。這是全世界水準最高的鋼琴賽事，能有資格參加實屬不易，因為能參加的都是極具天賦的青年演奏家，而要獲得這項賽事的第一名，比得到諾貝爾獎還難。畢竟諾貝爾獎每年都會評選，一個獎項常常會頒發給多人，但蕭邦國際鋼琴比賽每五年才舉辦一次，第一名還經常從缺。因此，基本上可以肯定，能夠在這項賽事中獲獎的選手，一定從小就被稱為鋼琴天才。

但很多被捧為天才的人，直到遇到真正的天才，才會知道人外有人、天外有天。事實上，不少在蕭邦國際鋼琴比賽中獲得過前幾名的選手，在賽後都變得默默無聞了，那一次比賽的成績，就是他們人生的頂點。

畢竟，天賦和天才之間還是有巨大差異的。

什麼樣的人才算真正的天才呢？只有那些一輩子都被公認為是天才的人才算。因此，先天條件好一點，年輕時取得一些成績，獲得了一次成功，其實並不值得我們沾沾自喜。年輕時看上去條件差一點，經歷沒那麼一帆風順，也不能說明就沒有天賦。或許只是花的功夫不夠，天賦還沒有被激發出來。

在鋼琴領域，自從有了錄音技術，在各種專業的鋼琴家評選中，名列前茅的總是三個人：拉赫曼尼諾夫（Sergei Vasilyevich Rachmaninoff）、魯賓斯坦（Arthur Rubinstein）和霍洛維茲（Vladimir Samoylovich Horowitz）。這三個人就是真正的天才。不過，我們只說其中的一個——霍洛維茲。

一九〇三年，霍洛維茲出生於俄國的基輔（烏克蘭的首都）。他從未參加過鋼琴比賽，這讓人覺得他不像個鋼琴天才。

霍洛維茲是透過一些個人獨奏會，逐漸引起公眾注意的。剛出道時，他的觀眾很少，演奏廳的大部分座位都是空的。漸漸地，情況好了起來，上座率大概有了一半。再往後，他的聽眾越來越多。霍洛維茲後來說，這樣一步一步走過來，讓他不用像那些在比賽中獲獎的年輕鋼琴家一樣，背負著突然獲得名聲所帶來的壓力。很多年輕鋼琴家還沒有成熟，就背負了沉重的光環和觀眾極高的期望；但觀眾的期望越高，失望也會越大。因此，很多一夜成名的人，常常還沒有時間成熟起來，就被公眾所拋棄。

霍洛維茲很滿意自己走了一條不同於常人的成功之路。他反對透過比賽選拔人才，認為那樣會適得其反，反而會不斷淘汰掉被選出來的優秀人才。他認為對鋼琴家來說，重要的是一直保持練習、不斷進步，這才是成功的關鍵。

霍洛維茲另一個讓人覺得不像鋼琴天才的地方，是他的手比較小。我們通常會覺得，一個人的手指要很長，才方便把琴彈好，手太小對鋼琴家來說是一個巨大的缺陷。拉赫曼尼諾夫的手就特別大，因此他創作的曲子也特別難，因為音符之間的跳躍常常很大。但是，如果一個人能把自己在其他方面的特長發揮到極致，把所有細節都做到完美，那麼個別方面的缺陷是可以彌補的。關於霍洛維茲身上的過人之處，被人所津津樂道的有三點。

1. 絕對音感

首先，霍洛維茲擁有絕對音感，這是他的天賦，而且非常罕見。通常，專業的演奏家都有較好的相對音感。也就是說，給一個基準音，他們能正確分辨其他音與該基準音在音程或調性上的相對關係。相對音感是可以透過後天的練習來培養，但絕對音感則不同。這種本事通常是天生的，它要求人在沒有任何參照音高的前提下，分辨出每一個音的頻率高度。當然，有這種天賦的人如果後天從來沒有練習過，那他可能根本不會知道自己有這種能力。

據霍洛維茲本人說，他能夠分辨出頻率四百四十赫茲與頻率四百四十一赫茲的音的不同。如果你會彈鋼琴，那你一定知道四百四十赫茲音的特殊含義——它是鋼琴調音的基準音，對應的鍵是中央C那組八度音中的A音（見圖3-1）。

兩個相差一赫茲的音，通常只能用儀器測出，人是聽不出來的。霍洛維茲的這個說法是否準確我們不得而知，但他擁有絕對音感基本是可以肯定的。這也得到了調音師的佐證——與他合作的是鋼琴製造商史坦威公司（Steinway & Sons）的頂級調音師，霍洛維茲出去表演，都會帶著這位調音師。霍洛維茲對鋼琴的音準和發聲效果要求極為苛刻。每次表演之前，他都會要求調音師把琴調到完美的狀況，一直試到他滿意才肯上台。

不僅琴要調好，霍洛維茲對鋼琴的擺放位置也非常

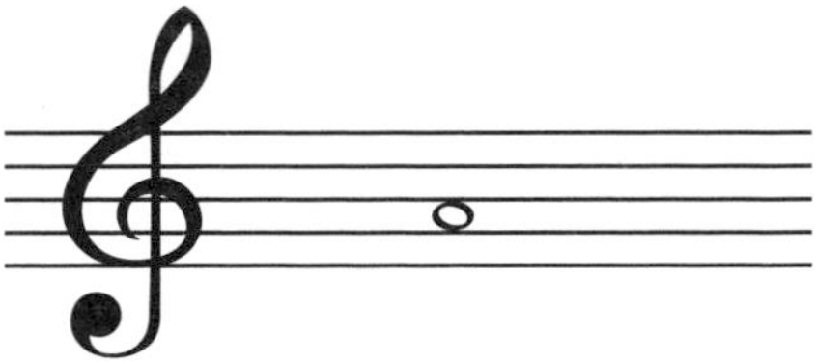

圖 3-1：A 音在五線譜中的位置

要求。每到一個音樂廳，他總是會先查看舞台上，所有他認為會影響音效的物品，如布幕的高度和所在。然後，他會在試彈時，不停地讓工作人員前後左右、一小步一小步地挪動鋼琴，一英寸一英寸地調整，直至找到他滿意的位置。

2．記憶力驚人

其次，霍洛維茲的記憶力驚人。很多曲子他彈一兩遍就完全記住了。這裡說的記住，不僅僅是指頭腦記住了樂譜，也是指手和手臂對那首曲子形成了肌肉記憶。練過琴的人都知道，要彈好一首曲子，形成相應的肌肉記憶，一定要花費大量的時間練習。演出之前，鋼琴家通常要用一段時間專注練習以強化手感，上台前還要專門「暖手」。但霍洛維茲不需要這些。他會在表演前一天把琴調好，進行一次預演，然後第二天就上台直接演奏了。據說即使是十幾年沒彈過的曲子，他練習一兩遍即可登台演出。

3．獨特的演奏特色

最後，霍洛維茲有自己獨特的演奏特色。如果說前兩個過人之處是先天的，那這一點一半來自他的悟性，另一半來自他不斷思考和改進演奏技巧，可以說是先天、後天各半。

一個經過專業訓練的鋼琴家，想要把琴彈得像蕭邦一樣可能並不難，就如同今天的畫家，可以將米開朗基羅的畫作臨摹得以假亂真一樣。但是，要塑造自己的風格，表達出音樂深層的內涵，卻不是一件容易的事。在這一點上，霍洛維茲就特別出色。同一首曲子的幾個版本，你一聽就知道哪個版本是他演奏的。

為了更好地駕馭鋼琴，讓鋼琴表現出自己期望的音色，霍洛維茲會根據自身的特點調整鋼琴。如他會要求史坦威公司把琴鍵做得稍微輕一點，這樣手指離開鍵盤時，反彈的速度就會快一點；他還特別處理弱音踏板，讓它有更好的聲音效果。在霍洛維茲成名之後，史坦威公司為他特製了一架鋼琴。這架鋼琴的琴鍵，比一般的琴鍵略窄一點，方便他彈奏。霍洛維茲很喜歡這架鋼琴，到世界各地演出時總會帶著它。後來，史坦威公司乾脆又幫他做了四架同樣的鋼琴，放在世界各地，供他使用。

絕對音感、記憶力驚人、有個人特色，這些已經足夠塑造一名一流鋼琴家了，但霍洛維茲的水準更在一流之上，因為他還有兩個更突出的地方。

其一，霍洛維茲對音符背後「音樂」的理解極為精深。著名指揮大師、作曲家伯恩斯坦（Leonard Bernstein）曾說：「我和霍洛維茲不同的地方是，他彈出的是樂譜中百分之百的音樂，而我只彈出了百分之七十。」要知道，伯恩斯坦不僅是一位指揮大師，在鋼琴演奏上也有極高的造詣。那他這句話是什麼意思呢？

一首音樂作品，音符之下潛藏的是作曲家的思想。如果只是按樂譜把每個音符都彈出來，那電子合成器也能做到。要想真的把一首曲子彈好，首先要讀懂作曲家的心，體悟到他的思想，還要有本事將其心靈透過演奏表達出來。這就像同樣是讀了一遍《三國演義》，有人能把故事繪聲繪影地全都講出來，有人卻只能講出七成，還有人只能生硬地把故事複述一次。

音樂表演其實是一個再創作的過程，表演者要透過自己的理解，以某種方式將音樂再度呈現給聽眾。大師和普通演奏家的區別，就在於再創作的水準。

霍洛維茲和拉赫曼尼諾夫是好朋友，後者在創作時，有時會徵求前者的意見。有一次，拉赫曼尼諾夫聽完霍洛維茲演奏自己的作品，就說自己以後都不好意思再彈這部曲子了。要知道，拉赫曼尼諾夫也是一位被公認難以超越的鋼琴演奏家。當然，對於那些已故作曲家創作的曲子，霍洛維茲注定無法和作曲家當面交流了。但他對音樂的理解極為精深，可能絲毫不遜於作曲家本人。

其二，霍洛維茲會不斷求變，直到找到最好的演奏方式。他認為對音樂家來說，模仿是很危險的。音樂家不僅要有自己的風格，還要不斷求新求變，持續挖掘作品的內涵，每一次演奏都要給觀眾帶來不同的感受。他從來不聽自己的唱片，有一次偶然聽到收音機裡播放的鋼琴曲，便評價道：「這個人彈得很好，但有幾個地方還能改進。」最後聽到播音員的介紹，他才知道那是自己彈的。

有一次，霍洛維茲在卡內基音樂廳（Carnegie Hall）表演，來了一百二十位日本的鋼琴技師，他們試圖透過霍洛維茲的演奏手法，反過來思考鋼琴應該怎麼製造會更好。在音樂會中場休息時，這些技師將霍洛維茲所用鋼琴的每一個細節都拍了照片，以便回去研究。

但看了前面的內容你就知道，霍洛維茲每一次表演的彈法，可能都不一樣，觀察一次他演奏的情況，未必能得到多少資訊。更重要的是，對於標準產品，我們可以做逆向工程；但對於藝術，逆向還原是很難的。

透過霍洛維茲的故事，能體會到一個真正的天才誕生的過程——先天條件固然重要，後天不斷的練習和精益求精，也是必不可少的。當練習到一定的深度後，甚至一些先天的不足，也變得無關緊要，無法妨礙他們的進步。就像霍洛維茲一樣，手小這個劣勢，居然沒有妨礙他演奏鋼琴。

世界上有一些人，因為擁有一些別人沒有的天賦而忽略了練習，反而被這種天賦束縛了，最終無法成為天才。因此，比別人聰明點，條件好一點，沒有什麼可沾沾自喜的。見到了真正的天才，你才會知道自己那點天賦，根本算不上什麼。世界上總有些人比你條件好，還比你努力。而你如果躺在自己所謂的天賦上夢想成功，成功也就永遠停留在夢裡。

本章重點總覽

- 把改變習慣的注意力，放在啟動上，而不是完成時。
- 養成習慣不怕慢，就怕停下來。
- 專業人士的判斷未必更可靠。
- 有效進步比快速進步更重要。
- 「快」不應該成為我們追求的目標，「效果」才是。
- 眼睛盯在哪裡，被什麼人感動，就會成為什麼樣的人。
- 不要迷信有關英雄的故事，而要相信賢者的思想。

To Break Out of A Bad Situation

破局而出

這個世界顯然還是在不斷進步。人類過去經歷的幾乎所有問題，除了疾病和死亡，似乎都有了答案。在一個特定的時代，對我們來講看似無法解決的難題，好像總有一些人能夠完美解決。這裡面的關鍵就在於，要懂得如何在面對各種難題時破局而出。

04

20／世界上的方法總比問題多

人能夠破局而出的第一步，是要相信世界上的方法總比問題多。只有具備這樣的自信，才會去主動研究問題、解決問題。

全球氣候變暖的問題能解決嗎？

二〇二〇年新冠肺炎疫情期間，我和史丹佛大學的能源中心主任崔屹教授，進行過幾次視頻長談，探討當今世界上最富挑戰性的問題。崔屹教授是材料科學領域的專家，長期致力於研究可再生能源利用的問題，並曾榮獲二〇二一年全球能源獎，這是全世界能源研究領域的最高成就。我們談到了全球氣候變化，這是當今人類面臨的三大難題（註4-1）之一。

自從工業化以來，地球兩百年間的氣候變化幅度，抵得上過去百萬年間的變化。而到目前為止，人類似乎還沒有找到最終解決這一難題的方法。這個問題難道真的無解嗎？其實不是，只是人們的思路，通常局限在用不產生二氧化碳排放的可再生能源取代石化能源上，而忽視了其他方法。

其實早在二〇〇九年，時任美國能源部部長的朱棣文（Steven Chu），就提出了一個新方法——把所有屋頂都漆成白色，路面和汽車也塗成淺色，就能極大緩解溫室效應。我們知道，全球氣候變化主要是因為溫室氣體排放得太多，導致地球上聚集的熱量散不出去，氣溫上升，然後引發各種問題。要降低全球的氣溫，當然就要控制溫室氣體的排放，這是

註

4-1　當今人類面臨的另外兩個難題，分別是資訊化和人工智慧所帶來的收入不平等問題，以及社會高齡化所帶來的人口問題和公共衛生問題（包括養老）。

一種傳統思路。

但是，也可以換一種思路，直接減少地球吸收的熱量，增強地表反射，讓更多的太陽輻射直接反射回太空。但問題是，把屋頂、路面和汽車都刷成白色或淺色反射的那點能量，是真的能緩解溫室效應，還是說只是杯水車薪？

兩位教授在同一個實驗室共事，他們還一同創建了4C Air公司，因此崔屹教授對朱棣文教授的想法非常了解。在視訊長談時，我就問他這個方法在科學上是否可行。崔屹教授說，這在理論上是完全可行的。當然，真要實施起來，肯定很有難度，因為房屋屬於個人財產，不能強制所有人都把自家的屋頂塗白。另外，如果全球的屋頂都被塗成白色，那城市景觀可能也會受影響。可見，**世界上很多問題，並非沒有簡單的方法去解決，只是我們考慮了個人利益後，發現簡單的方法無法實施罷了。**

不過，沿著朱棣文教授的思路進行一些變通，還真能在一定程度上解決全球變暖問題。也就是在那次對話後不久，麻省理工學院寄來一份他們學校的期刊給我，介紹了他們用類似的方法，成功降低城市溫度的成果。

這項研究工作，要從麻省理工學院在二〇〇九年成立混凝土可持續發展中心（CSHub，後文簡稱「MIT混凝土中心」）說起。

該中心的一個主要研究方向，是研製廉價而又高反射率的水泥和鋪路材料，以消除城市建築物和道路所造成的熱島效應。所謂熱島效應，就是城市區域氣溫，明顯高於周邊地區的現象。這一現象，是在發明了人造衛星後才被發現的。在衛星的紅外線攝影中，會看到城市就像一個個炙熱的島嶼在散發著熱量。「熱島效應」之名由此而來。

那麼，熱島效應是怎麼產生的呢？有很多成因，包括建築物聚集、增強了地表對太陽能的吸收，並且阻擋了空氣流通，植被地表減少，生活和工業活動不斷產生廢熱等。其中最主要的原因，就是城市道路和建築物表面，會吸收大量太陽輻射，然後以紅外線輻射的方式，將吸收的熱量散發到大氣中。吸收熱量主要發生在白天，散發熱量主要發生在夜間，因此城市區域的晝夜溫差，通常會小於周邊區域。

熱島效應可以使城市區域升溫攝氏四度以上。即使只是局部，這也是非常大的溫度變化了。畢竟，二〇一五年通過的《巴黎協定》，也不過是想將二十一世紀全球升溫幅度控制在攝氏兩度以內。而且熱島效應還會進一步影響周邊區域的氣候，從而影響全球氣候變化。如果能夠緩解熱島效應，無疑將會在很大程度上延緩全球變暖問題。

我們知道，要解決一個問題，就要抓住主要矛盾。在城市裡，百分之四十的是街道，另外百分之四十的面積是房屋，剩下百分之二十是綠地。全世界百分之九十五的道路都是由瀝青鋪成，而瀝青熱容量很小，升溫極快，溫度上升後就會造成很強的紅外線輻射。可以說，道路是造成熱島效應的主要原因之一。如果能解決道路大量吸收熱量的問題，熱島效應就可以緩解一大半。

MIT混凝土中心的研究人員從這一點出發，發明了能夠反射大部分熱量的「涼爽」鋪路材料，包括反光瀝青和反光水泥。這裡說的反光不是像鏡子那樣，而是把占太陽輻射能量百分之四十三的紅外線輻射反射出去，當然，也會反射一部分可見光。

研究人員還發現，道路不平整會使車輛消耗更多的燃油。因此，他們在研製新型鋪路材料時，也考慮了讓道路更耐磨損，以便減少燃油消耗。對於現有路面，也可以透過噴灑塗層，來增加路面的能量反射。被這樣處理過的道路，可以將對太陽輻射的反射率提高三倍。

接下來，MIT混凝土中心在兩個城市做了實驗：一個是麻省理工學院所在的波士頓，那裡緯度高、氣溫低；另一個是位於美國南部、氣候炎熱的鳳凰城，每年四至十月，這裡的氣溫經常能達到攝氏四十度以上。實驗結果令人振奮，新型鋪路材料和塗層，可以將波士頓和鳳凰城的平均氣溫，分別降低攝氏一．七度和攝氏二．一度；同時，由於路面更加平整，兩個城市溫室氣體的總排放量，也分別減少了百分之三和百分之六。目前，美國第二大城市洛杉磯也在展開類似的實驗。當然，這種解決方案最終能否大規模推廣，還要看成本。

你看，即便是全球氣候變化這樣的世紀難題，也是有很多解決方法。

收入不平等和社會高齡化能解決嗎？

除了全球氣候變化，收入不平等和社會高齡化，是人類面臨的另外兩大難題。

收入不平等集中表現在住房問題上。目前即使是名校畢業生，只憑自己也很難在一線城市單獨租房；就算是跟人合租，要找到一個交通便利、生活條件好的住房也很困難。這一方面是因為房價太高，另一方面是因為好地段常常沒有空房出租。實際上，世界各大都市都存在這個問題。

那麼，這些好地段的房子究竟是什麼人在住呢？資料顯示，此類房子很多都屬於一些年紀比較大，甚至已經退休的人。這些人有不少其實是獨自居住，屬於「空巢老人」，而他們家裡通常有房間空置。換句話說，他們並不需要那麼多住房，同時卻擁有較多的住房資源。老年人更需要的，其實是社會支援和陪伴。於是，就有人開始考慮為空巢老人和需要住房的年輕人牽線搭橋，同時改善住房資源不平衡問題和社會高齡化問題。

麻省理工學院兩位女學生，諾艾爾．馬科斯（Noelle Marcus）和薩拉．福克森（Sara Faxon），在就讀研究所期間，開發了一款名為Nesterly（「空巢計畫」）的App，用來實現上面這個想法。它還是一年一度的麻省理工學院「全球創新大賽」（IDEAS Global Challenge）的獲獎項目。其之所以獲獎，不在於App的技術含量有多高，而在於這個方案能夠同時應對兩大社會問題。馬科斯和福克森因此獲得了十萬美元的啟動資金，成立了公司，並從二〇一六年起，就開始在波士頓地區運營該項目。

為了考察這個方案在現實中的可行性，我以年輕租房者的身分，試了試Nesterly的服務。在波士頓地區，如果想租到一個地段比較好的兩房一廳公寓，月租金至少要五千五百美元；即便是比較偏遠的地段，也要三千五百美元左右。如果兩個人合租，每個人就要一千七百五十至二千七百五十美元。波士頓家庭稅前月收入的中位數只有六千五百美元，再扣掉十五%的稅，大部分人都很難靠收入負擔起好一點的房子，更不用說在好地段了；而剛工作的年輕人收入只會更低。

Nesterly 可以為那些有空餘房間的空巢老人和單身年輕人牽線搭橋，老人出租房間給年輕人，租金基本上是市價的四十~五十%。為了驗證 Nesterly 的宣傳，我試著在幾個不錯的地段找了一些房源，發現要價一般只有八百至一千美元，甚至不到市價的四十%。看來這個 App 並沒有誇張，這個價格年輕人也完全能夠接受。同時，老人也會因為家裡有了年輕租客而不再孤獨。

Nesterly 的 App 上，登載了一些成功達成租賃協定的使用者之感受。例如，有一位叫布蘭達（Brenda）的七十五歲老太太，她住在波士頓郊區，自從丈夫在她六十六歲那年去世後，就一直獨自生活。在 Nesterly 的幫助下，她成功找到一位來自希臘的博士生租客。兩人先是透過視訊在網路上了解彼此的情況，然後見面商談房租和相處模式。達成一致後，這位博士生搬進了布蘭達的家。

布蘭達有兩個訴求，首先是希望能有人陪伴她，其次是期待透過出租一個房間，來增加一點收入。這位博士生的訴求，則是找到一個相對廉價、條件又比較好的住所。在此之前，因為還是學生，收入很少，他只能和同學合租條件很差的房子。而現在，能以低廉的價格住進一間舒適的房子，他當然非常滿意。

同時，布蘭達也很滿意——自從這個年輕人入住後，家裡乾淨了許多，他還會主動幫布蘭達清理院子、疏通下水道，有時甚至會陪她一起去附近逛街購物。

Nesterly 的創始人馬科斯發現，在人口不到一千萬的大波士頓地區，每晚有超過五百萬個房間是閒置的，這些房間很多都存在於獨居老人的家中；而與此同時，有許多年輕人找不到合適的住房。馬科斯希望透過連接年輕人和獨居老人，同時改善社會住房資源分布不均的問題，和人口高齡化帶來的很多社會問題。

Nesterly 的做法並非世界首創，在日本和歐洲國家，類似的服務早就出現了。日本社會的高齡化問題比美國更嚴重，政府不僅推出了各種政策，還與民間組織積極合作，推動年輕人和老年人之間的「跨代共居」。東京、京都和福井等地方的政府，都有此類政策。在歐洲，荷蘭、法國、德國也有差不多相同的項目。在荷蘭，如果年輕人願意每周花三十小時陪老人聊天或者一起做事，就可以免費入住條件非常好的老年公寓。

我的小女兒非常關注不平等問題，在這方面做了很多研究，還曾被選到華盛頓特區，參加未來政治領袖的夏令營。據她說，統計資料表明，現在全世界其實有足夠多的房子，讓每個人都住得很舒適，即便是在擁擠的大城市也是如此，只不過大量的住房資源被浪費了。Nesterly 的做法，雖然不能完全解決住房資源不平衡，和社會高齡化的問題，但確實給各國提供了很好的解決思路，並且已經在一定範圍內取得了成效。

我常常說，世界上的方法總比問題多。**遇到問題並不可怕，最可怕的是不能正視問題的存在，其次可怕的是陷入悲觀的心態，覺得問題解決不了，放棄嘗試。**

在歷史上，人類遇到過很多看似無解的難題，但最終都找到了解決方法。像人類曾經在近萬年的時間裡，一直為糧食短缺而發愁，但進入農耕文明之後，這個問題就得到了解決。

不過，這時人類看似不用為了尋找獵物經常遷徙，終於安定下來，但是人均壽命卻不增反降，因為透過農業生產獲取能量的效率並不高，而且每過幾百年，就會發生一次大規模的戰爭，來解決土地不足的問題。戰爭過後，人口減少近半，似乎土地問題得到了緩解，人類又可以發展幾百年了。但是幾百年後，同樣的問題還會出現。

三百年前，沒有人知道這個千年難題的解決方法在哪裡。可是在工業革命後，人類就解決了這個問題，因為隨著工業化的到來，人類利用能量的水準，得到了巨大的提升。另外，各種傳染病、部族之間的戰爭、奴隸制等問題，都曾經被看作是無解的，後來也都得到了解決。這並不是因為人類運氣太好，受到上天的眷顧，而是因為人有破局而出的能力。

把自己日常遇到的問題，和那些世紀難題對比一下就會發現，我們那點問題根本算不上什麼吧。

只要把時間拉得足夠長，方法總比問題多。這是每個人都應該有的自信。

21／解決複雜問題，要從簡單方法入手

在《信息傳》一書中，我介紹了兩種解決複雜問題的方法。一種是十九世紀英國電腦科學先驅人物巴貝奇（Charles Babbage）所採用，即用複雜方法解決複雜問題。這種想法很符合邏輯，因為既然問題是複雜的，解決它的方法可能也簡單不了。另一種是布爾（George Boole）、香農（Claude Elwood Shannon）和圖靈（Alan Mathison Turing）的方法，即用簡單方法解決複雜問題。這似乎不符合人們的直覺，但電腦這種人類發明的最複雜機器，恰恰就是採用簡單方法研製出來的。

巴貝奇窮其一生，想要研製一台能解決微積分問題的電腦，最終卻因為設計太複雜而無法製造。香農在布爾工作的基礎上，用幾個簡單的開關電路實現了所有運算，圖靈則採

用一個非常簡單的數學模型，指明了讓機械完成計算的通用方法。人類第一台電腦，就是在這種簡單性的原理基礎上設計、製造出來的。

如何找到核心的問題

用簡單方法解決複雜問題，是每個人都需要掌握的最基本技能。怎麼才能做到這一點呢？**簡單來說，就是遇到複雜事情時，要先找到最核心的問題，從簡單方法入手。**找最核心的問題，就是把複雜的問題，精簡成一個最本質、最簡單的問題。從簡單方法入手，就是用最符合常規的方法，去解決這個被精簡後的問題。

舉個例子，對很多人來說，股票投資比較保險的賺錢方式，主要是定投指數股票型基金，這可以滿足差不多八十％的人的投資需求。當然，特定場景下，也有比定投更好的方式，但它們都非常複雜。對很多人來說，選擇其他方式，可能花了大把時間和精力，才提高了一點點收益，這其實是很不值得的。我的建議是，如果對定投不太熟練，就先別考慮其他的投資方法。如果為了一點額外的收益，天天計算著如何選股，如何把握時機，忘了還有定投這種最簡單有效的方法，那就是既丟了西瓜，又撿不到芝麻。

十九世紀在設計電腦時，科學家搞出一大堆越來越複雜的計算，從加減乘除到指數、對數和三角函數，再到微積分，人們會覺得計算的工具也要越來越複雜。但是香農和圖靈發現，所有複雜的計算，都有一個非常簡單的核心，就是0和1之間的二值運算。把這個最核心的問題解決了，所有計算問題就都解決了。

其實，找最核心的問題，和「找主要矛盾」有相通之處。這句話的完整意思，是既要找主要矛盾，也不要忽略次要矛盾。聽起來，似乎主要矛盾和次要矛盾是同等重要的，但其實兩者地位絕不相同。按照我的經驗，一個人即便思維水準一般，但只要做事認準主要矛盾，那基本上也能拿到八十分的結果，生活也不會過得太差；相反地，一個人即便腦筋非常靈活，但總想著兼顧所有層面，一定要把次要矛盾也解決掉，卻忘了抓主要矛盾，那他很可能就會活得非常累。

如何找到簡單的解法

確認最核心的問題後，接下來就是針對這個問題尋找簡單方法。下面來看一組具體的例子。

先來看第一個：禁菸。禁菸在世界範圍內，都是一個複雜的問題，很多國家嘗試了很多方法，效果都不好。但實際上，有一方法很簡單，可以有效解決這個問題，就是限制可吸菸的場所，讓吸菸的人意識到吸菸的成本很高，甚至可能找不到能吸菸的地方。以美國為例，在限制一部分可吸菸的場所後，二〇一九年的吸菸人數，比二〇〇五年減少了三分之一。

那為什麼以前沒有採用這個簡單有效的方法呢？因為政策制定者同時考慮了很多因素，如有人認為吸菸是個人的自主選擇，要給人吸菸的自由。其實在這件事情上，吸菸會危害身體是主要矛盾，在人的健康面前，其他的矛盾都是相對次要的。只有意識到這一點，限制吸菸場所這個措施，才有可能真正得到推進。

再來看第二個例子：對智慧手機的使用。很多人一說到這個話題就很糾結，說智慧手機既提供了方便，又會讓人上癮，不但有好處，也有壞處，所以要合理使用手機。這話說了等於沒說。你不妨問問自己，真能做到合理使用手機嗎？

當然，如果你的工作不是太辛苦，覺得自己做到中等水準就挺滿意，還有很多閒暇時間不知道怎麼打發，那你盡可以隨意玩手機，享受手機帶來的各種便利。但是，這並不是人們一般想像的合理使用手機。如果你是一個學生，在學校裡成績普通，還有很多知識沒有掌握，同時又想要考上好一點的大學或者研究所；或是你雖然很努力讀書，但也喜歡踢足球，想在校隊擔當主力隊員，那問題就來了——你需要的是時間，而玩手機這件會大量占用時間的事情就不能做了。

你不太可能既有時間舒舒服服地玩手機，又能把成績提升起來，更不要說精進足球技術。同樣，如果你剛入職場，希望晉升得快一點，就會發現自己最缺的也是時間。

倘若你已為人父母，即便自己不需要每天把時間繃得太緊，也會發現孩子玩手機會占用大量的時間。那作為家長，最簡單的處理方式，就是把孩子的手機收起來，讓他花時間做自己該做的事情。但是，這又會引起家長和孩子間的矛盾。

實際上，大家承認也好，否認也罷，所謂合理使用手機，基本上就是個妄想。而解決這個難題最簡單的方法，其實就是盡可能不用手機，而不是想辦法讓手機更合理地被利用——後者幾乎沒有人能做到，而前者卻有不少人實踐，並且從中受益了。

第三個例子是對青少年行為的限制。正好前一陣子，有人問我怎麼看限制青少年玩遊戲這件事，我說很好。有個朋友就不同意了，說管孩子是家長自己的事情。我就問他，你能做到不讓孩子玩遊戲嗎？如果做不到，那這件事不是挺好的？

其實，世界各國早就在做以立法約束青少年行為，如限制其吸菸、飲酒等。可以說，幾乎沒有一個國家，光靠家長的努力，就能做到不讓孩子吸菸、飲酒。家長軟硬兼施效果都不太好。但當很多國家立法規定商家不能賣菸酒給青少年後，這個問題就得到比較好的改善。

第四個例子是足球和短跑。看足球比賽時，如果自己喜歡的那支球隊輸了，總有許多人對教練和比賽品頭論足，說什麼戰術不當、運氣不好、輕敵等，原因能找出一大堆。但有一次，一位巴西的同事談到足球，和我分享很簡單的觀點：想知道巴西的足球為什麼那麼厲害，只要看看巴西的孩子怎麼練球就行了。據他說，在巴西，除了卡卡（Kaká），其他世界級球星幾乎都是窮人家的孩子。對他們而言，踢球就是脫貧之道。

很多小孩練球，就和我們的孩子學習一樣刻苦用功，從早到晚一直泡在街頭的小廣場上，從日出到日落，每天用將近十個小時、甚至更長的時間來練習。

這個觀點我很認同。足球雖然是一項複雜的運動，但它有一個最簡單的核心，就是球員的基本技術，沒了這一點，什麼都免談。這就好比再厲害的大學教授，也無法教一個不會加減乘除的學生學會微積分一樣。所以，**在面對一件複雜的事情時，如果還沒有嘗試過最簡單的方法，那就先不要去想複雜的方法了。**

和巴西人擅長踢足球一樣，牙買加的短跑在世界上也是出了名的。在過去的半個世紀裡，人口不到三百萬的牙買加，誕生了世界上最多的短跑冠軍。雖然美國非裔的人口，有牙買加的十倍之多，但短跑冠軍的數量，還是比不上牙買加。我有個朋友在牙買加教過書，他跟我說，那裡的孩子每天不知道要進行多少次短跑比賽。可能兩個同學聊著聊著，突然就決定比一場。在那裡，成為短跑運動員幾乎是人們在經濟上翻身的唯一出路。

先用簡單的方法試試看

世界上很多難題看似解決不了，其實都是因為它們被簡化後的基本問題沒有解決。這就好比學生沒有搞清楚數學上的一些定義和概念，那學習再多的解題技巧，也解不出一道難題。我們在本章第一節講過，方法總比問題多。如果真想解決問題，不妨先把那個難題裡最核心的問題找出來。這些核心問題往往都不難解決，可以找最簡單的方法試試看。萬一這些簡單方法行不通，再花時間嘗試複雜的方法也不遲。

以考試來說，很多家長、孩子的想法和做法其實是矛盾的。一方面，有的家長為了孩子高考熬白了頭，有的孩子因為沒考上心儀的學校惦記一輩子；另一方面，這些家長其實很少真正過問孩子的學習情況，他們不太關心孩子是否真把課程內容學懂了，只會盯著試卷上那個分數。同樣，一方面，有些孩子因為沒達到心中理想學校的錄取標準失落很久；另一方面，他們上課時的心思卻不完全在讀書上，反而把很多時間荒廢在吃喝玩樂裡。

其實，家長與其在考後埋怨孩子，不如平時多過問一下他們的課業。對學生而言，與其好高騖遠，指望考試時能發揮超水準，把所有難題都做出來，不如將課程的內容讀懂、學透——這就是考試這個系統工程中最基礎的事。做好這件事，就是最明確、最簡單的方法。但是，很多人不僅沒有做到，還在回避這個問題。

工作中的問題也是如此。一個人如果連最基礎的工作都沒有做好，那考慮職業發展就完全是在想空中樓閣。一個企業如果連盈利都做不到，那考慮各種商業模式的創新或者資本的運作就是天方夜譚。

做企業說難也難，說容易也容易。幾年前，我和國內一位經濟學家聊天，他說在中國這麼大的市場環境下，一家公司只要能持續盈利，十年後就會成為很龐大的企業。但現實中，很多人做企業都懶得去解決盈利這個基本問題，也沒有耐心做十年，反而熱中於玩一些看似高超的技巧，比如資本運作。

對企業來說，高超的技巧不是說完全不需要，但用它的前提是企業得先有基本盤。沒有基本盤這個核心，企業可能會隨時垮掉。這也就是為什麼有些企業動輒估值上千億元，發展得很快，垮得也很快。

世界上有很多複雜的問題，但不管多麼複雜，解決起來都要從它簡單的核心入手。遺憾的是，人們常常忽略這一點。

21／從計畫導向轉變到行動導向

人總會給自己設定目標，而且最初的目標，通常都是自我導向的，但稍微成熟以後，就會考慮社會和組織的需要，轉變為社會導向。這是人在宏觀層面目標的變化。一個目標得以實現，還需要有行動，而行動之前必須要有計畫。

接下來問題就來了，「計畫」和「行動」哪個更重要？或者把它概括成一個更抽象的哲學問題——到底是先有行，還是先有知呢？

先有行，還是先有知？

很多人會覺得這是先有雞還是先有蛋的問題，反正也搞不清楚，何必費心呢？近年來，王陽明「知行合一」這句話很時髦，於是很多人又會用這種思想，來給一個模稜兩可的回答。

但是，「知行合一」並沒有回答「先有行還是先有知」的問題，因為「知行合一」既可以解釋成有了想法一定要付諸行動，也可以解釋成不斷從行動和實踐中提升自己的認知。根據我對王陽明哲學、以及對他生平的了解，我認為他更強調的是，有了想法後要付諸行動，也就是說強調「行」。作為一個明朝人，王陽明這個說法是有很明確的針對性的。畢竟明朝的士大夫們就是重知不重行，基本上是光說不練，甚至到了國家將亡時，這個毛病也沒有改。

「四書」中的《中庸》，記錄了孔子對知和行這個問題的思考，其中有很多真知灼見。當然，也有一些在現代人看來，帶有偏見和矛盾的論述。

比如，孔子一方面說：「道之不行也，我知之矣：知者過之，愚者不及也。道之不明也，我知之矣：賢者過之，不肖者不及也。」意思是說，中庸之道不能實行的原因是，聰明的人容易自以為是，認知過了頭；愚蠢的人知識才智缺乏，不能理解這個道理。類似地，中庸之道不能弘揚的原因，是賢明的人做過了頭，而不賢的人又做不到。

但另一方面，孔子又說，「愚而好自用，賤而好自專」。意思是說，愚蠢的人喜歡自以為是，卑賤的人喜歡獨斷專行。這和「知者過之」的說法，看上去似乎有所矛盾。但實際上，我們讀經典時，需要了解古代哲學有它自身的風格，像《莊子》和《老子》中，也充滿這種看似矛盾、實則很有道理的論述。

在《中庸》的第二十章，孔子把人分成三類，第一類是聖人，他們先知先覺，即知先於行；第二類是聰明人，他們可以被教化，透過學習獲得正確的認知；第三類是普通人，他們只有遇到失敗才能吸取教訓，不撞南牆不回頭。孔子用「或生而知之，或學而知之，或困而知之」來描述這三種人。

在認知上如此，在行動上也是如此：有人從本心出發，自覺地去做一件事；有人是為了利益採取行動；最被動的人則是被人逼著採取行動。孔子用「或安而行之，或利而行之，或勉強而行之」來形容這三種人。

以前有人批判孔子這種觀點，說他把人分成了三六九等，看不起勞動人民。這應該是有點過度解讀。孔子並沒有認為所謂的上等人，就是先知先覺的。更合理的解釋是，孔子看到了某些現象，發現確實存在有人見識高於其他人，以至於他們看起來就是先知先覺的。同時，生活中也確實存在很多「或困而知之」「或勉強而行之」的人。正是因為看到這些現象，孔子才會把人歸為這三類，這樣理解就合理了。

如果考慮到比較長的歷史時期，從整體上來看，會發現受教育程度高的人，即所謂的知識階層，通常更傾向於認為「先有知，後有行」。大家讀了十幾年書，其實還沒有做過太多具體的事情，但是有一點很明確，那就是要用所學到的知識去謀生。相比之下，那些沒有太多機會接受系統性教育的人，通常就會從行動中總結經驗，或者說不得不從行動中學習。對他們來說，情況往往是「先有行，後有知」。

重計畫，還是重行動？

了解了知與行的關係，對我們有什麼啟發呢？**對大部分人來說，要達到有效的進步，需要從思路上做出調整，從計畫導向調整到行動導向**。具體原因有以下四點。

第一，知識階層容易對「知」產生依賴。五百多年前，王陽明發現了明朝士大夫階層的這個問題，便提出知行合一的主張。一百多年前，麻省理工學院在建校時發現，當時的大學生過分注重菁英教育，忽視動手能力，因此用「Mens et Manus」（動腦也動手）這句話作為校訓。我想本書的讀者大部分受教育程度比較高，因此也需要特別注意在「行」這方面的主動性。

第二，把自己放到社會的視野裡，如今的社會流動性很大。這裡說的流動性包括時間和空間兩方面。從時間上說，指的是社會變化的速度很快，可能現在一、二十年就能完成過去幾百年才能達到的改變。如從金屬貨幣到紙幣的轉變，花了上千年的時間，從紙幣普及到信用記帳，花了幾百年的時間，而從信用記帳到使用數位貨幣，只花了不到一百年的時間。

在社會變化如此迅速的情況下，如果只想著按自己的計畫來，顯然是容易出問題的。不管做的是什麼計畫，都需要在行動中，根據具體情況的變化加以調整。你不妨回想一下，自己走過的職業發展道路。讀書時，對未來有很多想法，但在四十歲時做的事和三十歲時的想法，可能會有很大的差別，而三十歲時的想法和二十歲時所學的，可能完全不同。

我算是一個非常會訂計畫，也能夠執行計畫的人，但我制訂過最長的計畫，有效時間也不會超過十年。如三十歲以前，我從來沒有計畫過做投資人；四十歲以前，我也從來沒有考慮過當作家。

制訂計畫是非常有必要的。一個人如果沒有計畫，就會腳踩西瓜皮，滑到哪裡算哪裡，時時刻刻都處在被動狀態。

在這樣一個時間跨度內，計畫導向很重要。但是，一旦制訂出計畫，就需要將計畫導向變成行動導向了，行為不僅決定結果，還決定接下來的計畫是什麼。相反地，如果固執地執行已經過時，甚至不切實際的計畫，就可能會時刻遇到阻力。

第三，很多人都希望自己有領導力，而領導力的獲得，更依賴於行動導向。

我在大學時有一位同學，一開始我和她來往不多，不是很熟悉，只是看她提拔為幹部升得很快，所以還挺納悶的。但後來的一次經歷，讓我理解了其中的原因。

那次班上需要一筆不少的錢，班上十幾個相關人員討論了幾次，提出了許多想法和做法，結論是打算做一筆生意。但打算歸打算，說到如何執行，就沒有人願意去做。最後是這位同學和我想把這件事定下來。於是，我們一起騎車去相關地方跑了一大圈，搞清楚做生意實際操作起來所需要的全部流程。然後經過分析，決定不做這筆生意。雖然計畫沒有執行，但經過這件事，我對她有了全新的認識，也理解她為什麼會升得那麼快。

我在《矽谷來信1》中提過曹操和郭嘉的區別。兩人都是有才幹的聰明人。郭嘉堪稱東漢後期和三國時期謀臣中的翹楚，算無遺策，可謂在計畫導向方面做到了極致。但他只能做謀臣，成不了領袖。真正的領袖還需要擅長行動，曹操就是這樣的人。在幾十年的征戰中，曹操很少有一帆風順的時候，在討伐呂布、張繡、袁紹、孫權和馬超的戰役中，他都是遇到困境乃至險境之後，依靠適時的明智行動化險為夷、反敗為勝的。

第四，獲取知識的管道有很多，想要獲得其他人沒有的認知，只能靠自己的行動。也就是說，在一定程度上，要想在知的層面超過他人，就要在行的方面比他人更加親力親為。

古代喜歡將那些有先見之明的人看成聖賢，但是很少有記載表明，聖賢們的先見之明是從哪兒來的，結果大家就把他們神化成先知先覺的人。《聖經》中講了很多猶太先知的故事，他們的先見之明來自神諭。這就屬於神化聖賢的一種。

其實，先見之明通常來自別人沒有的經歷，和基於那些經歷進行的思考。舉個例子，美國有家經常做空中概股的公司叫「渾水」（Muddy Waters Research），專揀有縫的蛋叮，幾乎從不失手，二〇二〇年發現瑞幸咖啡（Luckin Coffee）在經營資料上作假的就是它。那它是如何發現這一點的呢？很簡單，一般的分析師只看財報、聽彙報，而渾水的做法是跑到瑞幸咖啡的一家家門市數人頭、蒐集發票。最終，安永（Ernst & Young）會計師事務所都沒有發現的問題，就被渾水發現了。

如今網路上的資訊能輕鬆下載，進行分析，這件事的成本極低。同樣地因只需要極低的成本就能得到的計畫，別人也很容易得到，價值也極低。我寫了很多和歷史有關的書，受到了一些業內人士的認可，也得到讀者的歡迎，其中的原因之一，就是我會找一手資料，而不會只複述別人講的史料。為了驗證一些歷史事實，或者是為了感受某個歷史事件的氛圍，我甚至會到現場去走訪當事人，而不只是簡單地在圖書館查資料，然後閉門造車。

知行合一的道理大家其實都清楚。每個人從學習階段發展到參與社會生活和工作，就是一個由知到行的過程。但是，要取得有效的進步，更需要由行到知的過程。在這個過程中，過程和結果都很重要。

離開學校，進入社會，在工作中遇到問題，不知道如何解決，該怎麼辦？一個常用的辦法是問同事。同事直接把方法告訴你，你解決問題，就完成了任務。但這樣就缺少思考的過程，下次再遇到類似的問題，你可能還是解決不了。相反地，還有些人喜歡自己琢磨，但常常很長時間都琢磨不出來，他們經歷的只有部分過程，卻沒有結果。這兩種方法都算不上讓人有效進步的好方法。

從別人那裡得到的經驗，不等於自己的經驗；自己失敗的經歷，也不等於日後可以倚仗的經驗。在獲得經驗這方面，二十世紀美國著名實用主義哲學家和教育家杜威給出了很好的方法。他說，經驗等於「經驗的結果＋經驗的過程」，兩者缺一不可。

如果別人告知答案，你得到了想要的結果，但還需要重新走一遍別人獲得經驗的過程，這樣才能變成你的經驗。

反過來，如果你遇到無法解決的問題，思考許久都沒有找到答案，決定放棄，那你就沒有得到任何經驗。這種失敗不會是成功之母，只會給人留下失敗的陰影。此時，不妨向人請教，把問題解決，前面辛苦探索的過程才不算白費。

舉個例子，小明考試時有一道題不會做，於是抄了同桌同學的答案，那他還是沒有這方面的經驗。小強考試時也有一道題不會做，憋了半個小時都沒有解出來。老師批完試卷後發回，小強又花了兩個小時解題，但依然沒有解決，然後就放棄了。同樣，他也沒有獲得經驗。下次考試再遇到相同的題型時，兩人依然不會做。那他們應該怎麼辦？

此時小明需要向同學問清楚為什麼要那樣解題，然後再做幾道類似的練習題。小強則需要向老師或同學請教，而不是自己繼續苦思冥想。這樣的學習方法，其實中學生都知道，但是很多工作多年的人卻都忘記了。結果就是，他們以前的工作經歷，並不能成為解決更複雜問題的經驗。

只有成功做完一件又一件自己過去不會做的事情，才能逐漸累積起經驗；經驗累積多了，才有可能在認知上得到提升，這就完成了進步的一次循環。然後還需要這樣不斷地循環，才能實現有效、可疊加的進步。

「學而知之」、「安而行之」，應該是每一個人的目標。

23／從盲目試錯轉變到科學試錯

很多人會把「經歷」和「經驗」混淆，其實兩者大相逕庭。經歷誰都有，哪怕被關在囚牢中十年，也能獲得十年的經歷。但那樣的經歷不僅是痛苦的回憶，還讓人失去十年本可獲得經驗的時間。經驗是寶貴的，但沒有成為經驗的經歷，可能只是浪費時間。至於如何獲得經驗，上一節講到了杜威的觀點，即經驗等於「經驗的結果＋經驗的過程」。對經驗來說，結果和過程同樣重要。不過，這裡還有兩個要點必須強調一下。

第一，無論是經驗的過程，還是經驗的結果，都需要是可重複的，因為只有可重複的過程和結果，才有被再次利用的價值。不可重複的過程，其實並不構成經驗，因為同樣的情況，以後不會再遇到了。第二，經驗是一個人，特別是學生在日常生活和學習的過程中，與周圍環境相互作用的結果。因此，離開了與社會生活的相互作用，經驗就很難累積起來。

把這兩個要點結合在一起，就很容易解釋為什麼很多人年紀不小，經驗卻不足。像我發現長期在大學工作的人，社會經驗，特別是處理人際關係的經驗，相比於他們的年齡和學識來說，是遠遠不足的。因此，我們常說這些人有書生氣。究其原因，主要是和環境互動不夠，畢竟校園這個象牙塔的環境過於簡單。

再比如，很多人做事情總是習慣性地失敗，而且每次都有不同的原因。這純粹是他們運氣不好嗎？也不盡然。這些人經常把那些不會重複的偶然現象，當成寶貴的經驗，因此每次做事都如同刻舟求劍。這樣的人缺乏真正的經驗。

真正的經驗對任何人來講，都是相當寶貴的。杜威說，一盎司經驗勝過一噸理論，就是這個道理。經驗不僅是我們知識和認知的重要組成部分，讓我們在下次遇到類似事情時，知道該如何應對。更重要的是，經驗還會把我們塑造成不同的人。之所以每個人都是獨一無二、不可替代的，就是因為每個人都有不同的經驗。因此，經驗是個人獨特的價值所在。

每個人獲取經驗的方法不同，效果也千差萬別。有些人年紀很大了，經驗卻很少；有些人則是少年老成，小小年紀就經驗頗豐。該如何有效地獲取經驗呢？**一個行之有效的途**

徑，就是從盲目試錯提升到科學試錯。

人在學習和做事的過程中，不可能不犯錯誤。犯了錯，知道哪些事情不能做，或者哪些做法是不對的，避免將來再犯同樣的錯誤，這就是試錯。主動試錯是積極獲取經驗的手段，也是行動導向的一部分。為了獲取經驗，我們有時會刻意做一些嘗試，這不是為了完成任務，而是為了了解情況，獲取資訊。例如，有些戀愛中的人會故意說錯一句話，以此來試探對方的反應，這就是透過主動試錯獲取經驗。

如果從來不試錯，很難主動累積經驗。雖然平日也都透過生活經歷，被動累積經驗，但只靠被動累積，所有人進步的速度就會差不多。有時候說人要勇於嘗試，這裡的「嘗試」，其實就是指要主動試錯。

當然，如果只是盲目地去嘗試和試錯，雖然不能說沒有效果，但效率肯定很低，有時候甚至會得不償失。如戀人間開一個不合適的玩笑，就可能會損害兩個人的關係。因此，杜威認為，要想有效地獲取經驗，就需要科學試錯，不能亂來。杜威把科學試錯概括成五個步驟，即「思維五步法」。

思維五步法

第一步，試錯的時機通常是遇到困難，或者是要探索未知世界的時候。

這個前提條件常常被人忽略。杜威的意思是，如果過去的經驗沒有出現問題，現在還適用，就不要做畫蛇添足的事情，不要為了試錯而試錯。

在生活和工作中，你可能遇到過一些人，他們掌握了少許權力，於是喜歡把別人做的東西按照自己的意願修改，儘管改與不改其實沒有什麼差別。譬如在谷歌每個人提交程式代碼後，都需要找個同事審核。有些審核者就喜歡改別人的代碼，而那些改動常常沒有什麼實際意義。另外，在很多單位，新主管來了，就非要把上任訂的一些規矩改掉，儘管那些規矩並沒有出問題。這樣為了改變而改變的事情做多了，時間就被浪費了。這種經歷也很難稱得上是有價值的經驗。

第二步，要確定困難所在，或者問題所指。

這一點很好理解。既然是在遇到問題時才去試錯，自然就要把問題定位出來。如家裡的冷氣罷工，你就需要確定是不是沒插電，是不是冷媒漏了，是不是電線短路燒壞了壓縮機。有經驗的維修工會一步步找到問題所在，沒經驗的人則只能隨意猜測。

第三步，設想解決的辦法，尤其是要列出多種方案。

這一步顯然是最重要的。杜威特別指出，對於任何問題，都要盡可能地列舉出更多的解決方案。之所以要抱著這樣一種意識，不僅是因為害怕漏掉正確的方案，也是因為總是要嘗試尋找更好的方案，你無法以本能事先鎖定自己偏好的方案。很多人找到一個可行的方法，就覺得發現了一切，並且停止探索，這就失去變得更好的可能性。

我們在做事情時，常常會陷入迷思，就是想到一個方案馬上動手，然後就覺得問題已經解決。事實上，一個真實的問題，常常有很多種解決辦法，而且它們都行得通。這些辦法沒有對錯之分，卻有好壞之別。

在某些地方，比如電腦科學領域，最有效的方法和比較有效的方法之間的效率，可以相差百倍甚至萬倍。在動手之前，要先多動腦，儘量降低出問題的機率，因為如果在行動之後才發現問題，修正偏差的成本就很高了。上一節強調做事要堅持行動導向，但這並不意味著要盲目行動，而是要理智地行動。

在谷歌公司，開始一個項目之前，通常要經過嚴謹的論證環節。有可能是開會論證，也有可能是透過郵件討論來論證。但無論是哪一種，負責人都需要在項目說明書中，至少列舉兩種方案，倘若只列舉一種，那它通常就是第一反應想到的方案，而不是深思熟慮後設計的最佳方案。

如果負責人只給出一個方案，項目通常就無法立項。如果負責人列舉了兩種或兩種以上的方案，至少說明他不是很輕率地提出這個想法，而是進行過比較研究。某些資源比較多的公司，甚至會安排兩個團隊背對背地獨立實現兩種方案，以免某種方案存在難以預料的致命缺陷，導致出問題後無法彌補。

考察了不同的方案後，接下來依然不是挑一個實施，而是要先完成下面這一步驟。

第四步，理性地推演一遍不同方案的效果。

這時，要盡可能採用理性推演的方式去論證每個方案，這比直接投入到實操中去測試的成本低多了——不僅消耗的資源少，而且省時間。

企業也好，政府部門也罷，都會經常開一些研討會或者決策會，根據以往的經驗和邏輯，盡可能地判斷手頭各種方案，各自有怎樣的優勢和劣勢。這其實就是在做推演工作。

第五步，進一步觀察實踐，與之前的推演相對照，肯定或者否定事先的假設，得出可信或不可信的結論。

在這個世界上，除了數學知識，其他任何知識都需要透過觀察、實驗和實踐來檢驗。對於現實生活中的各種問題，可以有各種假設來解釋。這些假設可能都符合邏輯，也都能自圓其說，但這不等於它們都是對的。

正如波普爾（Karl Popper）所說，「假設並不是科學的，任何假設都只是假設，只有經過驗證的，或者說可證偽的假設，才是科學的」。因此，對經驗主義者來講，驗證各種理論是非常重要的。不僅學術領域如此，生活中也是如此。從烹飪煮飯到交易股票，再到尋找上班的最佳路線和出門的最佳時間，都是如此。

在採取行動驗證結論時，人們通常會陷入兩個迷思。

第一個迷思是，在實踐結果否定了假設後，不是放棄假設，而是另想辦法自圓其說。比如一個女生想知道她喜歡的男生喜不喜歡自己，於是做了一些嘗試，向對方示好，但對方完全沒有接受。很顯然，這時女生應該得到男生對她不感興趣的結論。

但有的人不會這麼想，她們會覺得對方可能只是不好意思，或者那天有其他事情，又或者正是因為對自己有好感，才故意表現得若無其事。但所有這些解釋，都是自欺欺人，不符合奧卡姆剃刀原理（Ockham's Razor，意為「簡約法則」）——「如無必要，勿增實體」。如果稍微留心一下，你會發現很多新聞報導中，也存在同樣的問題，根據它們展示的證據，根本得不出假設的結論。

第二個迷思是，用個案去肯定或者否定一個假設。這一點不難理解，但這一類錯誤很多人都會犯。如戰國時期齊國名將田單，使用火牛陣打破五國聯軍，並且最終收復了齊國的失地。之後，歷史上很多將領都仿效他使用火牛陣，卻鮮有成功之例。唐朝的房琯使用火牛陣，可是著火的牛隻敵友不分，沒有傷及多少叛軍，反而擾亂了自己的軍隊。南宋邵青叛亂，使用火牛陣，沒想到火牛性情暴躁，掉過頭衝向邵青自己的軍隊。

不僅火牛陣不成功，清朝青海蒙古和碩特部首領羅卜藏丹津與清軍作戰使用火驢陣，近代韓復榘使用火羊陣也都以失敗告終。後人失敗的原因並不難理解，牛是不分敵友的，被燒受到驚嚇後，有可能往前跑，也可能四處亂竄，甚至可能衝回頭。因此，用火牛打敗敵人是帶有偶然性的事，不能根據某個個案，就得出火牛陣有效的結論。

聚焦原則

按照以上五個步驟，可以更有效地試錯，更快地獲取經驗。不過，在此基礎上，我還有兩點感受想要補充一下。

第一，整體進步始於單點突破。

前面提過英國自行車隊的案例，他們整體的進步，是透過很多細小的進步累積而成的。但是，如果把所有改進措施一口氣都投入實踐，各項措施的效果就很難衡量；如果整體效果不好，也很難查出是哪裡出了問題。

比如，我們採取了十項措施，假設每項措施可以把成績提高〇．一秒，十項加起來的理想情況，是把成績提高一秒。但如果在試錯時，把十項措施一起上，結果總共提高〇．二秒，就很難判斷這是什麼原因造成的。或許其中有的措施是有害的，抵消了其他措施帶來的收益；又或許有些措施的效果並沒有想像中好，被誇大了。總之有很多可能性。

為了避免這種情況，試錯時，需要一點一點地去試，確認某個做法有效，再去試下一個。這樣，如果試到第五個時發現有副作用，也會知道問題出在哪裡。

這個原則在科研和工程工作中極為重要。這樣做看似有點慢，卻能保證你不斷取得進展。反之，如果所有措施一起上，就變成了盲目試錯。

第二，透過迭代實現完美主義。

完美主義並沒有錯，關鍵是如何實現完美。人不可能一口氣吃成胖子，飯要一點點吃，事要一點點做。雖然我們的目標是最好，但這是透過每次都比原來更好實現的，不可能一步就達到。理解這個道理，就需要在過程中容忍很多缺陷。

很多人希望一次把所有缺陷都改掉，但這是不現實的。想要一蹴而就，工作就永遠無法完成。往往我們能做的就是在截止日期到來前，把最重要的事情做完，而不是為了把所有事情做完而不斷延期。當然，更不能為了達到表面上的完成而偷工減料。

人的成長過程，就是透過不斷試錯而進步的過程。害怕失敗，不去試錯，就沒有經驗；

盲目試錯，成長的速度太慢。你必須掌握一套自己能得心應手的試錯方法，積極地、有選擇地對自己的經歷和體驗做出回應，讓自己適應環境。這就是經驗的累積，杜威稱之為「探究」。

當你能夠反覆驗證某些探究得出的經驗，它們就可以上升成你對這個世界的認知。小到個人，大到整個人類的認知，就是透過這樣的方式，一點一點向前拓展的。

本章重點總覽

- 在面對一件複雜的事情時，如果還沒有嘗試過最簡單的方法，那就先不要去想複雜的方法了。
- 「學而知之」、「安而行之」，應該是每一個人的目標。
- 一盎司經驗勝過一噸理論。
- 每個人之所以都是獨一無二、不可替代的，是因為每個人有不同經驗。
- 即使試錯，也要轉變到科學試錯，讓錯誤可以成為經驗。

Believe in the Power of the Individual

相信個人的力量

雖然物質生活水準一直在進步，社會卻似乎沒有給年輕人留下太多發展空間。好的機會都被前輩拿走了，他們不得不拚命競爭有限的資源。甚至有人覺得，大時代已經過去，個人的機會已然消失。實際上，無論哪一代人都有機會，只要把自己的潛能發揮到極致，就能做出改變世界的壯舉。不過，在討論憑一己之力改變世界的人之前，先說說為什麼不應該躺平。

05

24／躺平，是應對內卷的正確方式嗎

近來網路上有兩個流行詞——「內卷」和「躺平」。躺平是一些人對內卷的反應，特指有些年輕人面對激烈的競爭，採用不參賽的方式消極對抗。用年輕人的話來說，就是不卷了、退出內卷。而在具體行為上，他們主要採取的做法，是降低自己的欲望和對生活的要求，甚至不再長期工作，只做兼職或者打零工，過非常低成本的生活。但只要稍微了解一點經濟規律就會知道，這種做法顯然是不利於社會經濟正常運轉的，不是什麼值得贊同的事情。

但是，也有部分人士對躺平做出解釋，如「獨特的反抗」、「極簡生活」等，甚至有人引用一些先賢及其行為來類比，像是「非暴力不合作」、「竹林七賢」、「當代的第歐根尼（Diogenes，古希臘哲學家）」等。但問題是，真的可以這樣類比嗎？或者進一步追問，躺平者真的能躺平嗎？實際上，所謂的內卷，在歐美國家早已有之；所謂的躺平，歐美國家也早就出現過類似的現象。

在二十世紀的美國和歐洲，出現過好幾波對社會不滿、發起積極或者消極反抗的年輕人。我在《閱讀與寫作通識講義》一書中介紹過，「迷惘的一代」的代表作家海明威和費茲傑羅（F. Scott Fitzgerald），他們很多作品都是二十世紀二〇年代前後，歐美迷惘的年輕人之寫照。那當時的年輕人面臨的到底是怎樣的環境呢？

就美國而言，其實二十世紀二〇年代前後，是美國發展最繁榮的兩個時期之一，史稱「柯立芝繁榮」（註5-1）；歐洲的這一時期，則是作家茨威格（Stefan Zweig）無限懷念的「昔日的好時光」。

也就是說，恰恰是在這樣一個全面繁榮的時代，許多年輕人陷入了迷惘。而之所以會有那麼多人對社會不滿，其實不是因為狀況太糟糕，反而是因為社會太好了，讓很多人都

註

5-1 美國另一個最繁榮的年代是柯林頓時代。

能接觸到原本接觸不到的東西，進而在對比之中產生不滿；又或者是因為物質條件豐富，而讓部分年輕人失去了前進的動力。

但是，在所謂「迷惘的一代」中，既有費茲傑羅筆下那樣悲劇性的青年男女，也有海明威那樣把青春和熱血奉獻給全世界自由事業的人。我在《閱讀與寫作通識講義》中詳細分析了這兩類人，如果你有興趣可以去看看。

曾流行的「垮掉的一代」

到了二十世紀五、六〇年代，歐美又出現了一波年輕人的運動。這些年輕人的主張和「躺平」有很多相似之處，他們被稱為「垮掉的一代」，後來的「嬉皮」也是這一派人的延續。研究文化現象的人認為，這些運動展現出新青年對舊制度、舊道德的不滿，表達了年輕人消極不合作的反抗態度。直到如今，還有人讚揚這一代年輕人的反抗精神。但問題是，這些人後來怎麼樣了？

恰好，對於二十世紀六〇年代這一代的歐美年輕人，我接觸過不少，有很多一手資料，可以詳細地說一說。具體來講，這一批人後來分化了。

其中一部分人到了七〇年代，穿上了西裝，開始上班，或者認真創業，從事非常有創造性的工作。如賈伯斯和比他年紀稍微大一點的矽谷第一代創業者，都曾經是「垮掉的一代」。

我原來在巴爾的摩的房東也是這種人。在六〇年代民權運動發展得如火如荼時，他和同學從巴爾的摩走到華盛頓去抗議，那可是單程四十英里的距離，相當於一個半馬拉松的路程。後來，他老老實實地當了《巴爾的摩太陽報》（The Baltimore Sun）的攝影記者，還曾因為冒著生命危險到索馬利亞做戰地採訪，而被提名過普利茲獎。在「垮掉的一代」中，這一類人占了大多數。也就是說，大部分年輕人「躺」了一陣子之後，發現沒辦法繼續「躺」下去，就還是回到社會合作之中了。

當然，還有一部分人一直「躺」到今天。在二十世紀六〇年代嬉皮運動的中心柏克萊（Berkeley），今天還有很多流浪漢，其中很多人，就是從六〇年代一直「躺」到現在。我平時不太敢和他們搭腔，沒有直接問過他們的想法。幸運的是，我認識一位矽谷中餐館的老闆，他認識一大群這樣的人，和我娓娓道來這些人的想法。

這個老闆原本是史丹佛大學的教授，他太太一直在打理一家位於舊金山灣區很有名的中餐館。後來他從大學退休，就和太太一起經營餐館。我經常去那裡吃飯，慢慢地就和他們熟了。有一次店裡其他客人都走了，就剩我們一桌，我就和他們夫妻聊起老教授退休後的生活。

這位太太說，老先生每天早上四點半起床，五點出門散步，因此史丹佛附近的流浪漢他基本都認識，而且和其中不少人都是朋友。畢竟在他散步的那個時間，外面只能看到流浪漢。聽到他有這樣有趣的經歷，我就問了他很多有關流浪漢的故事，那些故事都很有意思。

根據這位老先生的說法，這些人成為流浪漢，並不是因為家裡窮，沒有機會受教育。他們之所以這樣，一方面是因為憤世嫉俗，消極反抗，最後無法融入社會；另一方面是因為他們喜歡這種躺平主義的生活方式。換句話說，他們並不完全是因為生活所逼才流浪的，而是有自己的一套想法。

另外，很多流浪漢並不是有一餐沒一餐的赤貧狀態，有的人手裡也有不少錢，手上的現金甚至比某些普通家庭還要多。畢竟，美國有一部分家庭甚至拿不出五百美元的現金來救急。

這些人的想法，也不能簡單地用「懶」字來形容，很多人其實有鮮明的主張——反對傳統道德，批判政府對公民權益的限制，批評大公司的貪婪、社會機構和NGO（非政府組織）的陳腐等。實際上，此類想法和某些人對躺平的辯護很相似。例如有的人會說，一些躺平的年輕人不買房、不買車、不結婚、不生子、不消費，以最低的標準生存，是為了拒絕成為他人賺錢的機器和被剝削的奴隸。這和很多流浪漢的想法不謀而合。

當然，我不是說躺平的年輕人未來會成為流浪漢，但兩者在想法和行為上的相似性，難免會讓人感到擔心。

躺平不等於極簡主義

有人說躺平是年輕人的思想解放。其實，如果了解當代世界歷史就會知道，所謂躺平的主張，並沒有超越歐美二十世紀六〇年代「垮掉的一代」年輕人的主張。

孔子云：「邦有道，貧且賤焉，恥也；邦無道，富且貴焉，恥也！」意思是說，在繁榮的社會，如果只能落得貧賤的下場，那是他自己的恥辱；而在一個混亂的社會，人倘若大富大貴，那才是他的恥辱。依照孔子的這個說法，如今正逢人類歷史幾千年來的盛世，一個人如果躺平到了流浪漢的程度，那可能就需要思考一下自身的問題了。

同樣，有人把躺平和第歐根尼的犬儒派哲學做對比，這也是有問題的。首先，第歐根尼生活在伯羅奔尼撒戰爭（註5-1）之後，當時是古希臘古典文明的末世，和今天是不能比的。其次，第歐根尼並不是一事所成，他對人類的思想是有貢獻的，但那些單純只是躺平的人，又做出了什麼貢獻呢？

把躺平和竹林七賢的行為做對比，也犯了一樣的錯誤。竹林七賢生活的年代，正是司馬氏統治下最黑暗的時期。那個時候要出來當官，就必須對司馬氏阿諛奉承，如同孔子說的「邦無道，富且貴焉，恥也」。因此，竹林七賢中的阮籍、向秀等人只能裝瘋賣傻以避禍。這和今天講的躺平並不相同。

還有人把躺平和極簡主義的生活方式畫上等號，這也是不恰當的。畢竟，極簡主義生活只是降低自己的物質欲望，把時間和精力省出來做更多事，而不是什麼都不做。

我的導師賈里尼克（Frederick Jelinek）教授就是一個過著極簡生活的人。他收入不低，太太也是哥倫比亞大學的教授，但夫妻倆的生活十分簡樸。他們住在離學校不遠的地方，房子不算很大。我剛認識他們的時候，賈里尼克教授開的那輛老豐田車，就已經有二十多年歷史了。有一次我們和他過去在 IBM 的下屬吃飯，那些人早就過著非常富裕的生活，聽說他還在開那輛老豐田車，都驚呆了。賈里尼克教授平時的飲食也非常簡單，他逢年過節會請我們去他家吃飯，但飯菜實在是太清淡了——就是些三明治，以及生的芹菜、番茄和胡蘿蔔等。

賈里尼克教授的生活如此簡約，這讓他有更多的時間做其他事情。他在六十二歲那一年，也就是很多人開始退休的時候，到約翰．霍普金斯大學建立語言和語音處理中心（The Johns Hopkins Center for Language and Speech Processing，CLSP）。經過他十多年的努力，這個地方成了全球學術界規模最大、最負盛名的自然語言處理和機器學習研究中心。賈里尼克教授一直工作到自己生命的最後一天。那一天，他仍然按時到達實驗室，後來覺得有些不舒服，很快便與世長辭了。像他這樣的生活方式，才是我所理解的極簡主義。

註

5-1　這是以雅典為首的提洛同盟，和以斯巴達為首的伯羅奔尼撒聯盟之間的一場戰爭，它結束了雅典的古典時代和希臘的民主時代，使整個希臘開始由盛轉衰。

現在，有些人會把躺平的原因，歸結於所謂的內卷，甚至歸結於當年父母對自己訓誡太過，以至於自己再也不願意努力了。但有一個問題，不知道他們有沒有想過：在改革開放之初，年輕人面臨的條件，比現在艱苦得多，那時為什麼沒有人選擇放棄、呼籲躺平呢？很簡單，因為在那時，躺平就意味著餓死。換句話說，如今很多人想要躺平，是因為有條件躺平，其實是上一代人的奮鬥，給年輕人創造了可以躺平的條件。這也是為什麼在柯立芝繁榮的時代，美國的年輕人反而出現了迷惘。繁榮，是躺平的硬體條件。

從軟體上說，現在的社會對個人行為也更加寬容了，讓人能按照自己的意願隨意地生活。**但一個人躺久了，恐怕就會像柏克萊的流浪漢一樣站不起來；一個社會躺久了，可能就再也不會有可以讓人躺的資源了。**

當然，可能很多人會覺得，現在已經不是能成就大事的大時代了，不管自己躺不躺平，最後的結果都差不多。但實際上，任何地點、任何時代，都會誕生許多平凡而又了不起的人物，他們並不比別人多什麼條件，卻能憑藉一己之力改變世界。在接下來的幾節篇章裡，不妨來看幾個這樣的人，他們其實和你我，沒有太大的差別，他們能做到的事情，我們也有可能做到。

25／羅林森：破譯楔形文字

很多人以為，如果自己是大公司的副總裁，或者當上政府部門的大官，就能調動很多資源做大事了。否則，個人的力量畢竟有限，做不了什麼大事。實際上，無論是在政界當官，在商界斬獲財富，還是在學術界出名，都是做出成就後的結果，而不是其原因。事實上，完成很多大事並不需要身居要職，也不需要太多資源，關鍵是要有個明確目標，然後採取行動。

在人類文明史上，有很多人都憑一己之力，影響過世界文明的進程。相比於那些所謂的王侯將相，他們的貢獻無疑更大，但我們卻對這些人所知甚少。

人類最古老的文明之一——美索不達米亞文明，它距今至少已經有六千年的歷史。現代的人類是是如何了解這個古老文明的呢？你可能會說是透過它留下來的、用楔形文字書寫的泥板記錄。但是，楔形文字已經有幾千年未使用了，在那些泥板被發現的時候，早已無人認識，它們又是如何被破解的？其實，這一切都要感謝英國軍官、外交家和語言學家羅林森（Henry C. Rawlinson）。

羅林森破解楔形文字的故事，要從一八三三年他前往波斯，隨後發現貝希斯敦銘文（Bagastana）說起。那一年，二十三歲的羅林森作為東印度公司的雇員被派往德黑蘭，也就是如今伊朗的首都，不過當時的伊朗還叫波斯。從十七歲起，羅林森就開始了他的軍旅生涯，但一直都沒在軍事上有什麼建樹，反而是對古代文明的文字充滿好奇心。這份興趣讓他後來成為歷史上最重要的古文字學專家之一。羅林森在德黑蘭的公職，是一份很輕鬆的工作，這讓他有足夠多的閒暇時間在四周遊歷。

一八三五年，羅林森聽說在波斯的貝希斯敦小鎮附近發現了「雕畫」，很多人都去看熱鬧。出於好奇，他也跋涉幾百公里到了貝希斯敦。在那裡，他看到在懸崖峭壁的一百公尺高處，有一幅大約二十五公尺寬、十五公尺高的巨型浮雕石刻，也就是人們所說的雕畫。在石刻中，有國王和許多臣民的形象，但它表達的是什麼主題、什麼意思，卻無人知曉。

這幅石刻周圍有密密麻麻的、由細長三角形（楔形）構成的銘文，但是沒有人懂得它們的含義，大家對此也不感興趣。

但羅林森和一般人不同。對他來說，這些楔形符號具有巨大的誘惑力，因為只有讀懂它們，才有可能了解石刻的含義，才有可能知道幾千年前發生了什麼事。羅林森想抄下這些文字回去研究，但苦於無法攀登百米高的懸崖。這時，一個善於攀爬、「調皮的庫德族男孩」扮演了英雄的角色。他在羅林森的重賞之下，攀岩而上，在石刻附近掛了一個類似於吊籃的裝置，然後像盪鞦韆一樣左右移動，幫羅林森拓下了那些銘文。

後來，這篇銘文以發現地點命名，被稱為貝希斯敦銘文，其中包含三種不同的古文字：古波斯文、古埃蘭文和古巴比倫文。你可能會聯想到古埃及著名的羅塞塔石碑（Rosetta Stone），那上面也是刻著三種古文字——兩種古埃及文和古希臘文，商博良（Jean-François Champollion）就是靠古希臘文破解了古埃及文。但與羅塞塔石碑不同的是，貝希斯敦銘文中的三種古文字，沒有一種是大家認識的。

也就是說，上面的三種文字都是「死文字」，不像羅塞塔石碑上的古希臘文是大家能讀懂的。因此，破解貝希斯敦銘文比破解羅塞塔石碑上的古埃及文難得多，羅林森不能像商博良那樣，先了解全文的含義再去破解，而必須另想辦法。他的破解過程很複雜，下面重點說明其如何打開破口，破譯第一種楔形文字——古波斯文。

所幸羅林森是一名語言學天才，且有著深厚的歷史知識。他只用兩年時間，就完成對這段銘文前兩段古波斯文的破譯。原來這篇銘文講的是，古波斯王大流士一世平息各地政變和起義，取得王位的經過。對這項艱巨的任務來說，兩年的時間實在是太快了。要知道，羅塞塔石碑從被發現，到商博良破譯上面的古埃及文，中間經過了好幾批語言學家的努力，花費了十多年的時間，而羅林森居然憑一己之力，這麼快就取得了突破，可謂奇蹟。

羅林森能創造奇蹟，除了自身有超凡的語言學天賦，運氣也特別好，更重要的是，因為他受益於當時歐洲在符號學上的成就，以及學者們探討、研究「資訊和知識抽象化」這個主題的學術氛圍。在這樣的氛圍中，一些天才能夠產生將資訊和符號對應起來的直覺。

符號學的歷史，可以追溯到古希臘時代。不過，那時的符號學，還只是知識分子們玩的遊戲。到中世紀後期和文藝復興時期，達．文西等人也玩這種遊戲，很多人熱中於「隱寫術」（steganography），以便讓自己的研究成果只有自己看得懂。當然，有熱中於隱寫的，就會有致力於破譯的。有人努力想出一些自己一看便知、其他人卻完全不懂的具體符號，另一些人則會努力破解那些謎團。

漸漸地，大家開始思考那些符號及其所表達的含義，在數學和哲學層面的意義。如十七世紀末十八世紀初的大數學家萊布尼茲，就考慮用一套符號系統，把人類的知識表示出來。他設計出描述微積分的那些符號，比牛頓使用的符號好得多。

既然高深的微積分，都能用符號講清楚，那其他資訊能否這樣表述呢？雖然萊布尼茲在這方面，並沒有太多值得稱頌的成果，但是歐洲的數學家、哲學家和邏輯學家們，依然在這個問題上前仆後繼地努力。他們研究的最終目的之一，就是尋找符號和真實世界之間的表意關係。

語言學有一個分支學科是比較語言學，雖然今天已經很少有人學，但它在十九世紀可是非常熱門的。比較語言學領域的學者，試圖透過對比截然不同的語言，找出人類在使用符號和語音表達含義上的共性。商博良破譯古埃及文和羅林森破譯楔形文字，都受益於這種思潮。

當時大部分學者都相信，雖然世界上有不同的符號系統（如不同時代、不同地區的語言），它們描述同一事物和概念的符號並不一樣，但在這些符號系統之間，必然存在著共性，而且這些共性是能夠被找到的。一個典型的例子是，專有名詞在語言的上下文中是不變的。如「凱撒」這一詞，它在一段文字中不會變來變去，但大部分動詞的使用，則會隨上下文改變。譬如我們說「做」這個動作，在上下文中可能會出現「做工」、「幹活」、「勞動」等很多不同的說法。

商博良和羅林森在破譯古代文字時，都用到了上述的原則。前者首先破譯的是「托勒密」這個名字，而後者則是破譯了「大流士」這個名字。

羅林森破譯古波斯文的具體過程是這樣的。首先，他在貝希斯敦銘文中，找到了「大流士」這個名字。雖然沒有人認識貝希斯敦銘文中的古波斯文，但個別字母和後來的波斯文還是有相似之處，因此，他猜出其中數次出現的一個詞是「大流士」。

接下來，因為羅林森很了解波斯歷史，對大流士的身世，以及官方文獻對他的稱謂非常清楚，所以兩相對照下，他破譯了出現在「大流士」這個專有名詞周圍的一些文字。如銘文中有一段是這麼說的：「大流士，偉大的王，眾王之王，希斯塔斯皮斯之子。」在確認第一個詞是「大流士」之後，羅林森想到後面的詞，可能是對他稱謂和身分的描述，於是又破譯了好幾個其他的詞。

在破譯古波斯文的過程中，羅林森還做了一個大膽的假設——古波斯文是表音文字。在這個假設的前提下，他從那些專有名詞的讀音中，找到了不少古波斯文對應字母的讀音。加上從其他古波斯文文獻中，了解到的一些字母的讀音，羅林森很快就破譯了古波斯文版本的貝希斯敦銘文。前面說羅林森運氣特別好，主要就是說他做的這個假設矇對了。如果古波斯文不是表音文字，那他肯定要走很多冤枉路。

不過，羅林森做這樣的假設是有道理的——它符合同理心。你不妨想一下這樣一個問題：假如你不認識漢字，但是能說漢語，現在請你設計一套符號系統，來記錄一段漢語的內容，你會怎麼做？大概只能用一些符號，去記錄這段話的讀音。就像一些人在剛學英語時，不知道一個單字怎麼讀，就在下面寫上與它讀音相近的漢字來記錄，像是在「good」下寫上「古德」。同樣，羅林森也想到，既然我們可能這樣記錄資訊，古人或許也是如此。

就這樣，羅林森完成了貝希斯敦銘文上，古波斯文的破譯工作。接下來，他又花十幾年的時間，破解了其中的古埃蘭文和古巴比倫文。這個過程非常艱辛，除了在書房做研究，他還在這期間，多次參加美索不達米亞地區的考古工作，以便擁有足夠多的知識背景，去破譯這兩種文字。

此外，羅林森雖然不在學術機構任職，但他一直和考古學家、歷史學家、語言學家們保持著密切的聯繫。沒有這些交流，他也難以完成破譯楔形文字的艱巨任務。但是，羅林森並不像很多著名學者那樣，有一個自己的研究中心，有一大群助手，甚至成立一個研究團隊。他完全是憑著自己的興趣，幾十年如一日地破解古代文字。

羅林森一生寫了大量學術專著，包括《巴比倫及亞述楔形文字銘刻註解註解》（A Commentary on the Cuneiform Inscriptionsof Babylon and Assyria）、《亞述史綱》（Outline of the History of Assyria）等亞述學（註5-3）的開山著作，他也因此被譽為「亞述學之父」。

透過這些楔形文字的記錄，我們對六千年前美索不達米亞文明的了解，甚至比對六百年前馬雅文明的了解多得多。這一切，都要感謝羅林森。正是他憑藉一己之力，揭開了古老美索不達米亞文明的神祕面紗，幫我們了解人類是如何走到今天的。

註

5-3 亞述學是研究整個美索不達米亞文明歷史的學科，其研究範圍並不限於當地的亞述文明。

26／李希霍芬：讓西方人眞正認識中國

在人類文明史上，有許多讓我們感動的人物。在推出接下來要介紹的主角之前，先來看四個問題：

問題一：「絲綢之路」這個說法是誰提出的？

問題二：燒瓷器用的「高嶺土」，這個名字是誰取的？

問題三：青島這個城市是誰選址修建的？

問題四：近代西方人是透過誰全面客觀地了解中國的？

可能很多人的答案會是張騫、馬可．波羅，以及其他中國古人或者近代西方的歷史學家。但實際上，這四個問題的答案，都指向同一個人，那就是十九世紀德國旅行家、地理和地質學家費迪南．馮．李希霍芬（Ferdinand von Richthofen）。也就是說，「絲綢之路」「高嶺土」、「青島」這些名字，都是在近代才誕生的，只有一百多年的歷史。

有人可能會質疑說，不對啊，絲綢之路在西漢張騫出使西域後，就逐漸建立起來了，已經有兩千多年的歷史，中國人用景德鎮高嶺的土來燒製陶瓷，也有上千年的歷史，怎麼會到近代才有相應的名稱呢？

絲綢之路的歷史的確很悠久，甚至在張騫出使西域之前，四川的竹製品就已經透過古代商路，銷往中亞地區了。而中國人使用和高嶺土成分相同的瓷土的歷史，可以追溯到周朝。但如果查一下中國古代的書籍就會發現，還真沒有「絲綢之路」和「高嶺土」這兩個詞。至於「青島」，史書中記載的青島，只是東海上一個不起眼的小島，和今天的青島市沒關係。

說到近代西方人透過誰全面客觀地了解中國，有些人可能會想到馬可．波羅。但如果對《馬可．波羅遊記》有所了解，你就會知道，這本書中有許多虛構和誇張的成分。雖然有許多傳教士和商人到過中國，但他們帶回歐洲的，都是支離破碎的資訊，有些還帶著很強的主觀色彩，甚至是偏見，誤導性非常強。真正讓西方人全面客觀地了解中國的，是李希霍芬。那麼，李希霍芬究竟是何許人也？他為什麼能完成這麼多名垂青史的工作，具體是怎麼做到的？關於這些，都得從其經歷說起。

現在留下有關李希霍芬早期經歷的資料並不多，他的家族也沒有什麼顯赫的歷史可言，他本人只能算是一個普通的德國人。一八三三年，也就是羅林森到達德黑蘭的那一年，李希霍芬出生在普魯士的上西里西亞（Upper Silesia）地區。如今，這個地方已經不屬於德國了，而是在波蘭境內。

一八五六年，二十三歲的李希霍芬從當時歐洲的頂尖大學柏林洪堡大學（Humboldt-Universität zu Berlin）畢業，並獲得博士學位。此後他就在歐洲中部地區，也就是當時奧匈帝國的屬地進行地質學研究。一八六〇至一八六二年，李希霍芬參加了普魯士的東亞考察隊，考察了東南亞地區，包括台灣。一八六三年，他又馬不停蹄地來到北美大陸當時的蠻荒之地加州，在那裡一待就是五年。透過詳盡的地質考察，他發現了黃金礦床，其研究間接導致加州後來的淘金熱。

一八六八年，他在舊金山商會的資助下，隻身來到中國，花了四年時間遍訪中國的山山水水。當時中國有十八個行省，李希霍芬到過十三個。在這期間，他以上海和北京為大本營，做了七次長途旅行，下面介紹其中的五次。

一八六九年上半年，李希霍芬從上海出發，北上考察山東。他發現膠州灣這個地方的自然條件很好，在戰略上也非常重要，但是經濟十分落後。之後，他對當地的地理、經濟和礦藏進行了詳細的研究。二十多年後，德國人根據他的著作，選定當時還只是一個小漁村和小海港的地方作為租借地，與清政府簽訂了中德《膠澳租借條約》，租借膠澳及其周邊地區九十九年。在「膠澳」一詞中，「膠」是膠州的意思，「澳」則是港口。

後來，德國人在那個地方建立了一個城市，並將其命名為青島（Tsingtau）。其實在此之前，膠州灣外還真有一個小島叫青島，但自從德國人將這個名字給了這座新建的城市，大多數人就只知道青島是一個城市了。

一八六九年下半年，李希霍芬考察了江西、安徽一帶。在這期間，他到過景德鎮，了解了當地的瓷器製造業，在高嶺山看到礦工開採瓷土的景象。於是在後來的著作中，他就以「高嶺土」來命名瓷土這種礦物，這個名稱之後又被全世界採用。不過，這其實是一種很少見的情況，因為全世界的礦石，通常都是以成分命名的，銅礦就是銅礦，鐵礦就是鐵礦，但瓷土礦卻以中國的一個地名來命名。從此，瓷土就永遠和中國綁在一起。今天，美國探明的瓷土儲量其實比中國更多，但人們依然要用中國的地名來稱呼這種礦物。

一八六九到一八七〇年年初，李希霍芬重點考察了山西和陝西，並在那裡發現豐富的煤炭礦藏。按照當時全世界的煤炭消耗量，山西的儲量足夠全世界用幾千年。

一八七〇年，李希霍芬考察了洛陽，首次提出「絲綢之路」的說法。他對絲綢之路非常感興趣，一直希望親自走一遍。他計畫在中國最後的行程中，從西安出發，西行穿過中國西部和中亞回到歐洲。

一八七一年，李希霍芬開始了他在中國最後一次，也是路線最長的一次考察。他從北京到山西，再到陝西西安，原本打算從西安一路向西考察，但當時的陝西和甘肅發生戰事，甚至蔓延到了新疆伊犁，於是他不得不放棄原定的計畫，轉而南下，穿過秦嶺，前往四川考察。在成都，他考察了都江堰，在自己的著作中把都江堰介紹給全世界，讓西方人了解到中國古代的水利工程建設。在之後的行程中，他又遇到強盜，被迫放棄繼續南下前往雲南和緬甸的計畫，轉而向東穿過三峽回到上海，再從上海回到德國。

雖然李希霍芬沒能實現親自走一遍絲綢之路的計畫，但因為他對河西走廊和絲綢之路一帶考察的貢獻，西方人用他的名字，命名了河西走廊南部的一部分山脈，也就是我們所熟知的祁連山——歐洲人把它叫作「李希霍芬山」。

回到德國的第二年，也就是一八七三年，李希霍芬擔任了柏林地質學會的主席。從一八七五年起，他又在波昂大學任教。

不過在大學工作期間，他把大部分時間，都花在整理從中國帶回來的資料，和撰寫有關中國考察的專著上。從一八七七年起，他陸續出版了代表作《中國：我的旅行與研究》。此套鴻篇巨著包括地圖集在內，有整整七卷。這一套嚴謹的學術專著，讓西方人對中國有了全面客觀的認識。包括「絲綢之路」在內很多和中國相關的詞，也是因為這套書而被西方人所熟悉。

李希霍芬被認為是近代地理學的先驅。他治學嚴謹，透過自己十五年的旅行考察，蒐集整理了世界各地的地質記錄與觀察結果。在他的著作中，各種記錄和文獻都非常詳盡。因此，被學者們視為非常重要的參考書，倍受推崇。其中，他對中國地質結構和地理的考察及研究成果，特別是對煤礦的探測，以及對黃土高原地質和地貌的研究，在很長時間裡，一直是這個領域最權威、最全面和最準確的成果。

李希霍芬做的這些事，隨便拿一件出來，都可以讓他名垂青史，但他卻以一己之力，完成如此之多的壯舉。現代人很難想像，在沒有飛機，沒有火車，沒有鋪設好的公路，甚至沒有電和現代化通訊工具的一個半世紀之前，李希霍芬一個人是怎麼做到這些事的。雖然他雇了一些挑夫和騾馬幫他運送東西，但是所有艱險的路途，仍然需要他自己一步一步地走過去。即使在今天，要翻越秦嶺從西安走到成都，也是一件極為困難的事情。

這些事情對他個人而言，也稱不上有利可圖。哥倫布、達伽馬等跨越遠洋航海探險，是為了獲得巨大的經濟收益，而李希霍芬完成這些考察，更多的是出於一名學者對世界的好奇。

看完李希霍芬的故事，我們不得不承認，一個人如果有明確的目標，並且身體力行地去做，一輩子其實有可能做很多事。許多人覺得，事情之所以做得不夠好，是因為沒有資源。也有一些人融資了上億元，也未必能做成一件像樣的事情，卻夢想著如果有馬雲那麼富甲一方，就能做更多事了。實際上，一個人如果有適合自己的目標，並且真心願意做那件事情，可以一直堅持做下去，結果會比完全依賴外界資源驅動自己做事好得多。

李希霍芬的大部分旅行，都發生在他二十三歲到三十八歲的十五年之間，其間他很少有機會回到德國的家。這段時間應該說是人生最美好、最年富力強的歲月，而李希霍芬用它做了最有意義的事情。

如果你是一個大學生，或者你的孩子正在讀大學，那你可以更深入地了解一下李希霍芬的故事。你未必需要在剛畢業時，就把目標訂在盡快有房有車上，相反地，應該考慮去做一些對自己和世界都更有意義的事情，否則人生的格局就太小了。反正只要真的有本事、有成就，房和車將來總是會有的。

舉個例子，我在三十三歲才有了自己的第一輛車，而那時周遭的人，早在幾年前就有車了。我三十五歲才有了自己的房子，很多人買房也比我早。但是，我後來所擁有的東西，是那些一開始就把心思放在車和房上的人，一輩子都不可能有的。

在任何年代、任何地方，都有很多別人沒有注意到的地方，可以讓人成就一番偉業。李希霍芬在三十八歲之前做的事情，當時沒多少人覺得有什麼了不起，但那些事情是前人沒有做的，因而成就了其歷史地位。雖然他於三十八歲之後才開始著書立說，逐漸在學術界嶄露頭角，但這靠的都是他在前十五年打下的基礎。因此，如果你想在三十八歲之前躺平，不妨對比一下那個年紀的李希霍芬吧。

27／本－耶胡達：復活古希伯來語

如果沒有羅林森和李希霍芬，他們所做的事情，可能最終還是會有人來完成，歷史的進程不會改變，只是時間上會晚一些。但這一節要介紹的這個人更了不起，因為如果沒有他，可能歷史的進程就會改變。這個人就是本－耶胡達（Eliezer Ben-Yehuda）。在近代猶太人的歷史上，有兩位最值得銘記的人物，一位是以色列國父本－古里安（David Ben-Gurion），另一位就是本－耶胡達。

本－古里安是以色列的開國總理，執政十五年，奠定了這個國家、甚至整個猶太民族在世界上的地位。以色列第二大城市特拉維夫（Tel Aviv）的國際機場，就叫本－古里安機場。那麼，本－耶胡達又是誰呢？他何以能與以色列國父相提並論？實際上，本－耶胡達在歷史上的影響力，可能比本-古里安更大，因為他改變了幾乎每一個猶太人的生活——復活古希伯來語，讓這種語言成為全世界猶太人的通用語言。如果沒有他，今天以色列猶太人講的可能是意第緒語（註5-4）或者英語。

看到這裡，很多人可能會問，希伯來語古已有之，何需復興呢？其實，到了近代，這種語言已經幾乎沒有人使用了。它原本是一門非常古老的語言，有兩千五百多年的歷史。但在兩千多年前，當猶太人被迫離開故土，流浪到世界各地時，這種語言也逐漸從人們的生活中消失了。畢竟猶太人到了新地方，需要說當地的語言，才能與人交流和生活。

到了十九世紀末，只有在《聖經》研究和莊嚴的宗教儀式中，才會用到希伯來語。猶太人仍然把希伯來語看作神聖的語言，但即使是他們，也不會在日常生活中使用，因為大多數人根本不知道該如何使用。這種情況有點像幾千年前，古埃及象形文字中的聖書體，除了僧侶，沒有人認識。當然，聖書體後來就真的失傳了。

從語言學的角度來說，古希伯來語還有一個先天的不足——它只有輔音字母（或稱子音字母），沒有元音字母（或稱母音字母）。這是它不方便使用，以至於在民族混居的地區，難以和其他語言競爭的一個重要原因。你可以想像一下，如果漢語拼音只有b、p、m、f、d、t、n、l等輔音，卻沒有a、o、e等元音，那大家表達意思就很難了，稍微有一點口音，可能就聽不懂彼此說的話。因此，用古希伯來語書寫並表達意思是可以的，但用它進行日常交流卻很不方便，語言學家都認為這是一種已經「死去」的語言。

兩千多年來，猶太人在歐洲被歧視和欺壓的歷史就不多言，大家對此並不陌生。到了十九世紀，隨著歐洲民族國家意識的興起，一些有識之士，開始號召失去自己土地的猶太人重返巴勒斯坦，建立自己的家園。

一開始，他們的倡議並沒有得到熱烈的響應，一方面是因為很多客居他鄉的猶太人，已經習慣當地的生活，不願意遷徙了；另一方面則是因為語言障礙，畢竟無論是生活在哪兒，猶太人都已經把當地的語言作為母語了。你可以想像一下，如果住在同一棟樓的鄰居，

註

5-4 意第緒語（Yiddish）是德國猶太人使用的一種主要語言。

兩家說中文，兩家說英語，兩家說日語，兩家說阿拉伯語，還有兩家說德語，這些人該怎麼一起生活呢？

讓客居他鄉的猶太人願意重返巴勒斯坦，這可能是政治家們需要考慮的問題。但語言障礙的麻煩，即使是在為猶太人建國而奔走的人，也很少考慮到。

一八八一年，一位俄國猶太人移居到巴勒斯坦的猶太人聚居區。起初，當地人並沒有覺得這個年輕人，和遷徙過來的其他人有什麼不同，因為他每天都和大家一樣種田、勞動。但很快他們便發現，這個年輕人千里迢迢來到巴勒斯坦，是為了實現一個偉大的夢想——復興古希伯來語。這個年輕人就是本－耶胡達。

本－耶胡達出生在一個猶太裔的學者家庭。母親希望他成為猶太教的神職人員，於是把他送到了一種被稱為耶希瓦（Yeshiva）的學校。耶希瓦也叫猶太經學院，主要教授猶太的古典經文，包括《摩西五經》《米書拿》《塔木德》等，因此本－耶胡達精通古希伯來語。而且，他還是一位語言天才，不僅會講俄語和古希伯來語，還精通法語、德語和意第緒語。

本－耶胡達在學校接觸到一些猶太復國主義的思想，他從並不成功的猶太早期復國運動中，得出一個結論：希伯來語的復興，可以使全世界所有猶太人團結起來。在法國讀完大學後，他來到巴勒斯坦。

作為一名精通語言學的學者，本－耶胡達深知沒有元音字母的古希伯來語，很難成為人們日常所用的語言，因此他需要加以改造，讓它變得容易使用。這種改造要盡可能地符合當時各地猶太人已有的習慣，同時也要植入猶太文化本身的基因。

在本－耶胡達改造古希伯來語前，生活在中歐德意志地區和東歐波蘭等地區的很多猶太人，是使用意第緒語。簡單地說，意第緒語就是德語和古希伯來語混合的產物，或者說是猶太化的德語。意第緒語的好處是它有元音字母，而這對語言非常重要，因為它能讓語言容易發音，容易讀準，容易被聽清楚。今天的希伯來語和古希伯來語的一個重要差別，就是其中幾個字母，發揮和以前不一樣的作用，如圖5-1中的四個字母。

這四個字母分別是alef、yod、waw（vav）和he，相當於拉丁字母中的a、y、w（或者v）和e。原本這四個字母在古希伯來語中也是輔音，但考慮到它們對應的拉丁字母，在希臘語、拉丁語、英語、德語等語言中都有元音的功能，於是在改造古希伯來語時，本－耶胡達就讓它們也可以作為元音字母來使用。

古希伯來語還有一個缺陷，就是語法不清晰，這是所有古代語言共同的問題。在改造時，本－耶胡達為新的希伯來語，加入類似於阿拉伯語的語法。之所以選擇阿拉伯語，是因為猶太人和阿拉伯人有共同的祖先——閃米特人（Semitic People）。因此，與其說本－耶胡達讓古希伯來語復活，不如說他是在古希伯來語的基礎上，設計出一種更適合猶太人交流的新語言。

本－耶胡達的理想雖然偉大，但沒有人幫助他，他仍然需要種田養活自己和家人，同時孜孜不倦地鑽研古人留下的各種希伯來文典籍。稍有空閒的時候，他會走訪猶太人的家庭，和他們交談，蒐集古希伯來語的單字。當然，那些單字在近代日常生活中遠遠不夠用，於是他便創造了一些新單字。

經過二十多年的努力，在一九〇四年，本－耶胡達編纂出第一本現代希伯來語詞典。但是，這本詞典裡的詞依然不夠用。六年後，他又開始編纂一本詞彙量更豐富的詞典，這是一項非常艱巨的工程。

圖 5-1：希伯來語字母 alef、yod、waw（vav）、he

在編纂詞典的同時，本－耶胡達一直在從事推廣希伯來語的工作。他從自己做起，同時讓妻子也只用希伯來語和孩子們說話，他的兒子本－錫安（Ben-Zion），因此成了世界上第一位以現代希伯來語為母語的人，這也證明在日常生活中，只使用希伯來語是可行的。同時，他還為建立希伯來語學校四處奔波。

一開始，猶太社區的人對本－耶胡達的工作並不熱中，因為他們覺得神聖的希伯來語，只能在宗教場合被使用，平時的交流，用當地的語言就好了。就連猶太復國主義的創始人西奧多．赫茨爾（Theodor Herzl），都在其著作《猶太國》（The Jewish State）中說，猶太國家需要一種共同語言，但絕對不是希伯來語，因為就算會說希伯來語，也沒法用它買到一張火車票——希伯來語中原本並不存在「火車」這個詞。

儘管如此，本－耶胡達還是一直堅持著自己的理想。漸漸地，有越來越多的猶太人開始支持他的事業。到一九二二年本－耶胡達去世時，他的大詞典只完成四分之一。隨後，其妻子和家人繼續這項不朽的事業。直到一九五九年，這部十七卷的巨著《古代、現代希伯來語大詞典》才得以完成，它包括了現在猶太人使用的、幾乎所有希伯來語單字。

在本－耶胡達生前的那些日子，他每天廢寢忘食地工作，房間總是徹夜燈火通明。在閱讀祖先留下的那種古老而凝練的文字時，他常常激動得熱淚盈眶。正是對民族和文化深厚的感情，支撐著他以一己之力，在半個多世紀的時間裡，一直為復活希伯來語而努力。

第一次世界大戰後，德國的猶太慈善機構，在海法（Haifa）建立了一所技術學校，即今天的以色列理工學院（Technion-Israel Institute of Technology）。在決定用什麼語言教學時，德國的出資人希望使用德語，但所有師生和當地的家長，都紛紛要求使用希伯來語，否則他們就拒絕上課。

最終，學院選擇了希伯來語作為唯一的教學語言。一九二五年落成的耶路撒冷希伯來大學（The Hebrew University of Jerusalem），同樣全面採用希伯來語作為教學語言。就這樣，到二十世紀二〇年代，第一批透過希伯來語接受教育的大學生走出了學校，第一代講希伯來語的家庭也出現了。

希伯來語的復活，在人類文明史上是一個奇蹟，而本－耶胡達就是這個奇蹟的創造者。在了解一個民族時，往往會從這個民族的某些個人著手，例如可以透過摩西、大衛王和先知耶利米等人物，來了解猶太民族。現在我們可以說，本－耶胡達也成了這樣一位嚮導性的角色。他引領我們認識更多猶太民族靈魂深處的偉大精神，而這種精神已經超越了語言本身。

28／張純如：訴說南京大屠殺的眞相

本節要介紹的這個人，同樣是以一己之力改變了世界，她是一位在美國的華裔女性，名叫張純如。

二〇一九年十一月九日，矽谷地區為張純如紀念公園（Iris Chang Park）舉行了開幕儀式，這對美國華裔而言是一件大事。此公園坐落在矽谷中心地帶，周圍有很多知名的高科技公司。而之所以用張純如的名字命名，一方面是由於當地華裔州議員朱感生先生、以及一大批熱心社區華裔公民的努力，另一方面則是因為張純如為世界做出的貢獻。至於她的貢獻，具體來講，就是寫了一本改變很多西方人認知的著作——《南京大屠殺》（The Rape of Nanking: The Forgotten Holocaust of World War II）。

張純如屬於美國華裔第二代，出身於書香門第，父母在二十世紀六〇年代移居美國。她在伊利諾州的厄巴納 - 香檳（Urbana-Champaign）長大，那裡是著名的伊利諾大學（University of Illinois，UI）所在地，張純如後來也就讀於這所學校。

其祖籍江蘇淮安，今天那裡還有她的紀念館。張純如的外祖父張鐵君曾在南京國民政府任職，外祖父和外祖母都是南京大屠殺的倖存者。從外祖父母那裡得知這段歷史後，張純如非常震驚，因為美國沒有多少人知道這件事，學校的歷史課也沒有講過。於是，她跑到公共圖書館查找相關資料，想了解更多的史實，但她找了很久，都沒有找到這方面的書。張純如想，這麼大的一件事，怎麼能既沒有什麼人知道，又沒有圖書講述呢？這也是她後來寫作《南京大屠殺》的動機之一。

進入伊利諾大學之後，張純如從電腦科學系轉到了新聞系。在大學期間，她就開始為《紐約時報》寫專欄文章，曾經在一年的時間裡，寫了六篇頭版文章。大學畢業後，她在美聯社（Associated Press）和《芝加哥論壇報》（Chicago Tribune）工作了一段時間，之後進入約翰．霍普金斯大學讀研究所，拿到了碩士學位。然後，就開始了自己的作家生涯。除了寫書，她的主要工作是替雜誌寫文章，同時為自己一生最重要的作品蒐集材料。

一九九七年，二十九歲的張純如出版了《南京大屠殺》。這本書一上市就在西方世界引起轟動，成了當年最暢銷的圖書之一。她透過自己的筆，讓西方了解到第二次世界大戰中，發生在南京的那場慘絕人寰、卻又鮮為世人所知的大屠殺。

張純如在書中寫道：「我們不僅要記住南京大屠殺的死亡人數，更要記住許多罹難者被殺害的殘忍手段。」書中有很多對日軍暴行的描寫，因為太過血腥，這裡就不引述了，但正如張純如所說：「此種殘暴景象實在怵目驚心，甚至連當時住在南京的納粹黨人都驚駭不已，其中一位曾公開將南京大屠殺稱為『野獸機器』的暴行。」

張純如的主要資料來源，是兩位西方見證者的日記和記錄。其中一位是德國商人約翰．拉貝（John H. D. Rabe），當時他是西門子公司的駐華總代表。拉貝在南京被占領期間，努力制止日軍的暴行，保護和幫助了大量中國平民。在他的奔走下，南京安全區得以建立，而這使得大約二十萬中國人免遭屠殺。拉貝在日記中記錄了自己當時在南京的所見所聞。在他去世四十多年後，這些資料被整理出版，就是著名的《拉貝日記》，後來還被改編成了電影。

另一位見證者是美國傳教士明妮．魏特琳（Wilhelmina“Minnie” Vautrin）。魏特琳女士在中國傳教二十八年，曾擔任金陵女子大學代理校長。一九三七年日軍攻占南京時，她在金陵女子大學文理學院工作，自願留守校園。當時，她向日本當局提出抗議，讓難民得以在校園避難，以此保護了上萬名婦孺。在一九三七年八月十二日到一九四〇年四月十四日的日記中，她詳細記錄了日軍占領下的南京的情形。在那幾年裡，她天天和「魔鬼」打交道，壓力極大，於一九四〇年精神失常。隨後回到美國接受治療，但還是在第二年自殺了。去世之前，她在日記中寫道：「如果我有十次生命，我會把它們都給中國。」（Had I ten perfect lives, I would give them all to China.）魏特琳的日記，後來也成了記述南京大屠殺的寶貴史料。

你可能會好奇，這些重要的一手史料，張純如是怎麼拿到的？她是以極大的真誠，說服當事人的遺孀和後裔，獲得了這些史料。然後以這些史料為基礎，寫出《南京大屠殺》一書，震驚了西方世界。在這本書出版時，雖然第二次世界大戰已經結束多年，但西方人對於日軍在中國做出的暴行，其實了解甚少。可以說，這本書改變西方人對中國抗日戰爭的看法。同時，這本書也因為揭露日軍暴行的細節而備受讚譽，美國的新聞界、文化界和學術界，都給予張純如極高的評價。

如《華爾街日報》（The Wall Street Journal）評價說，這本書「首次全面揭露了（日軍）

對中國首都（註5-5）的毀滅，張純如從被人遺忘的事件中，挖掘出曾經發生的可怕真相」。《大西洋月刊》（The Atlantic）將這本書描述為「對日軍暴行碾壓式的起訴」。《費城詢問報》（The Philadelphia Inquirer）寫道，「這件令人髮指的可怕事件長期以來被人遺忘，直到最近（這本書的出版）」。哈佛大學歷史系教授柯偉林（William C. Kirby）說，張純如「比以往任何時候，都更清楚地揭露了（日本人的）所作所為」。耶魯大學歷史系教授白彬菊（Beatrice S. Bartlett）說，「張純如對南京大屠殺的研究，為人們了解第二次世界大戰的殘酷性提供了新的內容，這反映在她透澈的研究中」。

一九九八年，美國主流電視台C-SPAN（Cable-Satellite Public Affairs Network）對張純如進行了採訪，邀請她到電視上講述南京大屠殺的經過。二〇〇七年，美國線上（America Online，AOL）的高階主管泰德·萊昂西斯（Ted Leonsis），出資將這本書改編成紀錄片《南京》。

然而，在造成巨大影響力的同時，這本書也給張純如帶來無比的壓力。日本右翼團

註

5-5 1927～1949年，南京曾是國民政府的首都。

體及相關寫手，一直在詆毀這本書，並且不斷騷擾她。據紐約大學電影系主任崔明慧（Christine Choy）說，此書出版之後，張純如不斷收到疑似日本右翼人士的恐嚇信和電話。她一直生活在恐懼之中，不得不經常變更電話號碼，平時不敢打電話，只用電子郵件與他人聯絡，甚至不敢在家裡接受採訪，更不敢向朋友透露丈夫和孩子的資訊。

雖然承受如此沉重的壓力，但張純如仍然致力於要求日本政府，為其軍隊在戰時的行為道歉並支付賠償，她多次在媒體公開表達自己的正當訴求。然而，在龐大的精神和工作壓力下，張純如最終罹患憂鬱症。她生前留下這樣一段文字：

我無法擺脫這樣的想法，就是我將被某些無法想像的強大力量追捕和迫害，也許是CIA，或者別的什麼，我不知道。我覺得只要我活著，這些力量就會永遠騷擾我。

二〇〇四年十一月九日，張純如自殺身亡，年僅三十六歲。

張純如自殺的消息傳出後，我才知道，原來她就住在我當時生活的小鎮。她的親友和當地的華人團體，為她舉行了追思會，谷歌的華裔工程師也一同參加，緬懷逝者，也感激她為世界、為中國做出的貢獻。

在張純如去世十五周年的那天，以她名字命名的公園終於開幕了。公園中央有一塊無名的石碑，上面鐫刻著三個字："Power of One"（一個人的力量）。

——

張純如，一名文弱女子，以一個人的力量，寫下一本震驚世界的書（註5-6），把日軍的暴行揭露在全世界面前。作為中國人，我想我們都應該對她說一聲謝謝。只是，人類的苦難依然如此沉重，她未能以自己的力量，掙脫精神的壓力，過早地離開了這個世界。

在張純如紀念公園，留著她寫下的一句話：Words are the only way to preserve the essence of the soul（語言是唯一能夠保存靈魂本質的方式）。這句話也一直鼓勵我憑著良

註

5-6 事實上，除了《南京大屠殺》之外，張純如還有兩本著作，一本是介紹錢學森的《蠶絲：錢學森傳》（Thread of the Silkworm），另一本是介紹早期華裔在美國的奮鬥史及對美國社會的貢獻，即《華人在美國》（The Chinese in America）。

心寫作。

講完羅林森、李希霍芬、本-耶胡達和張純如四個人的生平故事，我還想做一點補充。我經常說人類實在是太年輕、太不懂事了，一直在關注那些握有權力、擁有金錢，或者善於炒作和譁眾取寵的人，卻很少注意那些默默為人類文明進程，做出巨大貢獻的人。這四個人都屬於此類。他們並不為很多人所知，也沒有太多的資源，卻以一己之力影響整個世界。

他們的經歷告訴我們，不管在什麼時代、什麼地方，只要一個人真想做點有意義的事，那就能憑一己之力做很多事。而今缺的不是資源，而是做不到像他們那樣，心中裝著一個宏大的理想，然後每天踏踏實實地做事情。

29／我們家的阿明哥：小人物成就大夢想

可能會有一些年輕人認為，羅林森這樣的人是非常罕見的，自己一輩子也做不到像他們那樣。但是，做不做得到是一回事，與什麼樣的人為目標是另一回事。以羅林森及本-耶胡達為仰望的目標，即便不能成為那樣的人，也會成為對文明有貢獻的人。一個人的貢獻不在於大小，而在於他對文明是否產生了正面影響。有些人雖然能力強、影響範圍大，產生的卻是負面評價，如希特勒等發動了第二次世界大戰的戰犯們。

有人總覺得自己能力有限，夢想著有一天能爬到高位，調動很多資源，成名成家，或者當大官賺大錢，於是與一些梟雄對標，結果就是學了一堆壞毛病，事情也做不成。當然，更多的人覺得自己就是平凡人，這輩子窩窩囊囊地生活也就認了。其實大可不必這麼悲觀。

只要認定一個目標，堅持做下去，即使是一些小人物，也能取得不錯的結果。

對於那些自認為是小人物、沒有機會的人，或許我們家阿明哥的故事會對你有啟發。

「阿明哥」是西班牙語「朋友」（amigo）的意思。我們家園丁是個墨西哥人，他們見了面就稱呼彼此為amigo，於是我們也這樣叫他。當我們自己家人說起阿明哥時，通常指的就是他。我認識阿明哥已經快二十年了。當時我剛買了房子，有一天阿明哥跑過來，問我草坪要不要割草。在美國，各家的前院需要自己打掃乾淨，否則鄰居會把你告到市政府去。然後，市政府管理環境的人會找人幫你把前院打掃乾淨，再送給你一份大帳單。因此，各家各戶要嘛自己割草收拾院子，要嘛請人來幫忙，而從事這種工作的通常都是墨西哥人。

墨西哥人有很多優點，比如他們通常都很吃苦耐勞，而且收費相對低廉。但也有很多缺點，最典型的就是缺乏契約精神，做事馬虎。我和我的朋友們以前和墨西哥人打過交道，經常會遇到各種尷尬場面。像說好了上午九點來做事，結果到十二點都沒來，這還算好的。有時乾脆就不來了，打電話去問，他們會說自己接到了一張大單，不做你家的事了。

有些時候，他們做事情會留下很多「尾巴」，最後收拾起來既花錢，又花時間。更讓人匪夷所思的是，很多能賺錢的機會，他們也不要。例如，你對他們說如果準時來做工，就加二十塊美金給他們，但他們照樣我行我素，該遲到還是遲到。

因為對墨西哥人做事的態度有顧慮，我不敢直接把打掃院子的工作，交給這位素昧平生的阿明哥，而是向他詢問了一些基本情況。我了解到他也在為我的鄰居割草，反正每周都要來，希望能多賺一點錢。我聽說鄰居雇用了他，就付錢讓他試著做一次，同時打聽他的表現。鄰居說他還挺勤快，做事品質也說得過去，於是我就正式聘用他，每月支付他勞務費。阿明哥每周來一次，把院子打掃得乾乾淨淨。

幾周後，我想把家裡一塊幾十平方公尺的荒地改造成小花園，就問阿明哥能不能做這件事。他拍著胸脯就答應了，雖然我有點將信將疑，但考慮到工作量並不大，就想不妨讓他試試。我問他什麼時候可以開始工作，他說周末就有時間。

到了周末，我還沒起床就聽到外面吵吵鬧鬧的。從窗戶往外一看，原來是阿明哥帶了兩個幫手把建築材料運來了，正在下貨呢！由於他們的聲音很大，鄰居直接報警處理。警察告訴阿明哥周末不能一大早幹活。我和警察解釋了一下，警察也沒有為難他們，只是請這些人九點之後再來。雖然把警察找來讓我覺得有些窘，但是這麼勤快的阿明哥還真是不多見。

從此以後，阿明哥周末就開始帶人去接修建花園的工程，這種工作的利潤，可比幫人割草高多了。一開始，阿明哥的幫手都是從家得寶（The Home Depot）（註5-7）門口找來一些打零工的墨西哥人，通常靠不住。有一天，他和我說要回墨西哥一趟。半個月後，他回來了，順便把自己的兄弟們——六七個墨西哥人——也帶來了。從此以後，割草的工作就交給他一個兄弟，其他人則跟著他做工程。幾年後，阿明哥居然在寸土寸金的矽谷地區買了房子。要知道，很多大公司的工程師，都買不起這裡的房子呢。

又過了幾年，我搬家了。新房子由於長期沒人住，院子已經荒蕪。我打算把它修成花園，就將這個工作交給阿明哥。我問阿明哥什麼時候有時間，他說感恩節期間就可以。我說你們不休息嗎？他說賺錢比較重要。到了感恩節那天，阿明哥帶著他的團隊來了，這次還包括他的太太和孩子。阿明哥說，他在美國混得不錯，所以把全家都接來了。

阿明哥花了大約一周的時間，幫我家鋪好草坪，種上各種植物，清理掉雜亂的灌木，又修建好整個灌溉系統。這個花園雖然不算漂亮，但是比當初那個樣子看起來舒服多了。當然，要讓院子真正變成漂亮的花園，還有很多精細工作要做，我還真不放心讓他這個半路出家的人來改造。於是我對他說，這個花園還沒到讓我滿意的程度，但預算用完了，明年開春之前再來修吧。

到了第二年開春前，他心急火燎地找我要工作。見我對他不放心，就拿出他這段時間修的花園讓我看。令我吃驚的是，他居然做得都不錯。我原本打算找個專業的公司來看看，但見他確實有能力，就還是把這件事情交給他。這之後，阿明哥依然幫我收拾院子，偶爾我還是會給他一些小事情做。每過一段時間，他的經濟狀況就有所好轉。有一次他告訴我，他又買了一間房子，買完就租出去。又過了一陣子，他開上了凱迪拉克的高檔越野車。到了二〇二一年，他告訴我，他的孩子要上大學了，這是他們家第一代大學生。在美國，這樣的學生通常被稱為夢想生，占大學生人數的六分之一左右。

阿明哥還告訴我，他把業務拆成兩家公司，由太太管理一家，負責承接割草、收拾院子等日常工作；他管理另一家，專包修建花園的項目，兩家公司已經有十幾位長期雇員了。我按照這兩家公司的利潤，對它們做了一次估價，再加上兩間房子的價值，發現他的身家早已超過千萬美元。在美國，身家達到這個水準的家庭，不到總數的百分之一。

註

5-7 美國一家家居建材用品零售商，分店遍及美國、加拿大、墨西哥和中國。

在矽谷地區，有些年輕的工程師買不起房子，不得不選擇離開；很多大公司，包括特斯拉、惠普和甲骨文，都因為矽谷的成本太高，而把總部搬到德州。但是，沒上過大學的阿明哥，兩手空空地從墨西哥來到美國，從最底層的工作做起，上升到財富前一％的階層，並且讓孩子進入大學，僅僅花了二十年的時間。

如今，美國乃至整個西方世界，無數經濟學家和政治家宣稱，因為得不到平等的機會，窮人永遠無法實現階層的躍遷。由此，他們得出西方世界階層已經固化的結論。無數接受這種觀點的人選擇躺平，因此他們確實無法富裕起來，也無法實現階層躍遷。這似乎證明了那些經濟學家和政治家的說法是正確的。但事實是，機會永遠存在，世界上永遠存在很多需要做卻沒有人做的事情。那些事情很重要，但看上去沒有那麼高大上，因而很多菁英不屑於做，而躺平的人更不會做。

這就給了阿明哥這樣的人機會。二十年來，他並沒有什麼好運氣或者好機會，只是有一個很樸素的目標——讓家人過得好，讓孩子上大學，然後他就行動起來了，並且不知不覺堅持了二十年。從對文明的貢獻來說，阿明哥顯然沒有羅林森等人那麼偉大，但也絕對是正向的。當你走過矽谷的街道，看到一個個整齊漂亮的庭院時，其中就有阿明哥的貢獻。

本章重點總覽

- 大時代已經過去，個人沒有機會了嗎？不，只要把自己的潛能發揮到極致，你就能做出改變世界的壯舉。
- 躺平不等於極簡主義。
- 如今年輕人能呼籲躺平，是因為有條件躺平。但一個人躺久了，會不會站不起來了呢？當社會躺久了，可能也不會再有讓人躺平的資源。
- 任何時代、任何地點，都會誕生憑一己之力改變世界的人。

Self-preservation is the Basic Law Behind Everything

保全自我
是一切的基礎

會下圍棋的人都知道「未謀勝先慮敗」的道理。在人的成長過程中，難免會受到別人的攻擊。保全自己比其他任何努力、爭取任何機會都重要，自身的安全是 1，其他所有事情都是 1 後面的 0。沒有前面的 1，有再多 0 也沒有意義。

06

30 ／ 維護自己的利益，就是維護正義

二〇二〇年，一位網路作者寫了一篇評論某大學的文章，結果被這所大學投訴了。之後，這位作者把大學的投訴通知貼到網路上，還寫了一篇長文嘲諷這一行為，把那所大學損到了家。長文的閱讀量和點讚量都非常高，引起了網友的圍觀和對那所大學的嘲笑。

那麼，那篇文章是否侵犯了該大學的名譽？我看了一下，作者雖然寫了點負面的話，但還不算違背事實。此前這位作者批評那些明星企業的時候，火力可比這猛得多，而那些企業顯然都沒有找過他麻煩。這所大學的做法看似是在維護自己的名譽，其實是進一步讓自己名譽掃地了。

套用知名相聲演員郭德綱的話來說，這種事要是放到哈佛大學身上，但凡正眼瞧一下

這類文章，它就已經輸了。事實上，哈佛大學在美國不僅飽受批評，而且官司纏身，告它的人從沒有被錄取的學生，到被解雇的前工作人員，再到和它有智慧財產權糾紛的教授，不一而足。但是，從沒見哈佛大學發表聲明，正告對方侵犯自己的名譽權或者其他什麼權利。哈佛所要做的，就是把學校辦好。

這件事讓我想起多年前一位朋友的經歷。這位朋友是個知名的企業家，在行業裡口碑很好，但有一次卻冒出一位網紅，想透過抹黑他來提升自己的熱度。朋友想請我幫他發聲，我跟他說，這個忙我一定會幫，但不是以他希望的做法去做，因為那樣只會幫倒忙。我不會參與他們的論戰，而是會寫一篇文章介紹我了解的他。而且，我建議他千萬不要回覆對方的任何問題，只當這件事不存在。然後，我就對他說了下面這段話：

當你在大街上被狗咬了一口，你可能會很痛，甚至會有得狂犬病的風險。你氣憤的心情我可以理解，但這時該做的第一件事是止血，然後去打疫苗。如果你趴到地上一口把狗給咬死，那才是大新聞呢！你現在功成名就，無論是官方還是民間都對你讚譽有加，那和碰瓷的人有什麼好爭的呢？

之後，他還遇到很多來碰瓷的人，一律都沒再理會。今天，他的產業比當年大了不只十倍，而當初那些找他碰瓷蹭熱度的人，很多都銷聲匿跡了。

世界上經常有雙方力量完全不對等的矛盾衝突，其中一方在各方面具有壓倒性的優勢。用一句俗話說，就是他伸個小指頭，就能把對方捏死。但越是在這種情況下，越要管束好自己的情緒，慎用自己的力量，因為只要矛盾稍有升級，損失大的顯然是具有優勢的一方。

我們不妨簡單用一個類比，來說明一下這種情況。假設優勢方的利益評分是一億，碰瓷方相應的評分是一百。對優勢方來說，無論是精力耗費一％，還是今後的利益損失一％，都是到達百萬量級。而對碰瓷方來說，即便損失到頭，也不過是失掉一百，而他一旦受到些許關注，就可能贏得成百上千倍的收益。相反地，如果優勢方只當這件事沒有發生，損失也會有，但更重要的是碰瓷方沒有什麼收益。如果每次碰瓷都一無所得，那這種生意也就做不下去了。

我這麼講，可能還是會有人不服氣，畢竟真的遇到這種情況時，很多人往往會嚥不下這口氣，還會有短期的損失。對此，我倒覺得一位女演員的話頗有道理——一個人有多大的名氣，就要準備承擔多大的污名。對於這種莫名其妙的誹謗所帶來的損失，只當繳了名譽的所得稅罷了。

不管在哪個國家，要繳的稅都是隨著收入上漲而增加的。在某些國家，如果一年收入有幾百萬，那差不多有一半的錢要用來繳稅，歐洲一些國家的稅率甚至比這還高。很多人因此覺得憤憤不平，想逃稅，但逃稅帶來的損失其實更大。不過，如果你習慣於每賺兩塊錢只當賺了一塊錢，就不會去做逃稅漏稅的事情了。

當然，可能還有人會說，這不是利益的問題，而是有關正義的問題。那我們就從正義的角度出發，來討論一下這個問題。

究竟什麼是正義呢？單從字面上看，或者看詞典裡的解釋，是無法把握這個概念其真實含義的。在《理想國》第一卷中，柏拉圖談到了蘇格拉底和其他人關於正義的討論。一開始，幾個人先後發表自己對正義的看法，然後蘇格拉底和他們對話，對這些觀點進行驗證，並指出他們看法中的缺陷。

第一個人提出，正義就是誠實地說真話。蘇格拉底就指出，如果一個人的腦子有問題，不能理性思考，那即便他完全誠實，說出的話也可能是糊塗話，並不是正義的。

第二個人說，「正義在於凡所負於人的，還之於人」，就是我們說的「以德報德，以怨報怨」。但蘇格拉底反駁道，人們有可能會將好人當作敵人，將壞人當作朋友。這也很容易理解。像是你包庇一個犯了罪的酒肉朋友，從朋友情分上說，是他對你好你就對他好，但這麼做其實違背了社會的正義。

第三個人叫塞拉西馬柯（Thrasymachus），他提出最關鍵也最驚世駭俗的觀點——**正義的本質是最強者的利益**，因此人們的正義其實是對統治者命令的服從。這個觀點把蘇格拉底嚇了一跳，可能也會讓你大吃一驚，這不就是說強權即真理嗎？因此，蘇格拉底反駁說，統治者可能會頒布不利於自己利益的命令，這種情況下，服從統治者的命令就不算是正義了。

但是接下來，塞拉西馬柯的辯駁卻非常有道理。他說，一個真正理性的統治者，是不會頒布不利於自己利益的命令。例如，某個暴君施行暴政，做了很多荒唐的事情，用不了多久，他就被推翻了，那他做的事情就不是有利於自己利益的，也就不代表正義。意即正當的統治者其利益和大眾的利益並不矛盾。

隋煬帝是歷史上著名的暴君，他的一些命令和行為顯然不代表正義。那麼，隋煬帝是當時的最強者嗎？實際上並不是。隋朝政權的背後是關隴貴族集團，而隋煬帝的所作所為，背離了關隴貴族集團的利益。唐高祖李淵和隋煬帝是表兄弟關係，也是關隴貴族集團的成員，李淵和李世民所做的事情，才更符合關隴貴族集團的利益。在這一時期，李淵父子二人才是真正的英主明君，在當時的天下人眼中代表正義。

對於塞拉西馬柯的話，蘇格拉底沒有做出明確的反駁，但他也並不完全贊同，於是給對方的觀點做了一個補充。蘇格拉底認為，優秀的統治者上位，並不是為了金錢或榮譽，而是因為如果他們不統治，國家就會被比他們更差的人統治。第一卷中關於正義的討論到這裡就結束了。應該說，蘇格拉底補充的觀點，其實代表了柏拉圖的想法。

我們不能說塞拉西馬柯、蘇格拉底和柏拉圖的觀點就完全正確，但必須要辨別出其中的道理。如一開始談到的那所大學，它是強勢的一方，從維護正義的角度來講，它要做的事情，就應該是不讓自己的利益受損。因此，它不能像暴君一樣把人打死了事。睚眥必報的做法，顯然不符合正義的要求。反過來，弱勢的一方要想維護自己的正當權利，則需要勇於抗爭。

二〇一九年一月，美國肯塔基州一位白人高中生尼古拉斯·桑德曼（Nicholas Sandmann）遭遇了一場無妄之災。他參加完學校舉辦的參觀林肯紀念堂活動，在回去的路上遇到兩群抗議者。第一群抗議者看到這些學生後，就大聲辱罵他們。正當學生們不知所措的時候，又出現另一群抗議者，其中一名印第安老人徑直走到離桑德曼很近的地方，對他敲打手中的樂器。桑德曼不知道該如何回應，就試圖對老人微笑。結果這個畫面被斷章取義地拍攝下來，很快便在社群媒體上流傳開了。

不明真相的人，認為桑德曼是在嘲笑這名印第安老人，於是對其群起攻之，甚至各大媒體也報導說，這是白人在欺壓印第安人。

可是當事件的完整經過被公布之後，誰都能看出事實根本不像媒體報導的那樣。桑德曼決定用法律維護自己的榮譽，替自己伸張正義，於是他把所有做出虛假報導和轉載相關報導的大媒體，全告上了法庭，向每一家媒體索賠一億~二·五億美元不等。

面對官司，各大媒體就認輸了。在桑德曼十八歲生日那天，《華盛頓郵報》（The Washington Post）先「繳械投降」，支付了一大筆錢來跟他和解。雖然這筆錢並沒有桑德曼要的那麼多，但也足夠他一輩子不為錢發愁了。桑德曼的律師和媒體普遍認為，在接下來的一年裡，桑德曼將不斷收到金額以百萬美元計的大額支票。

《華盛頓郵報》等媒體這種以強凌弱的做法，顯然違背正義的原則，也違背自己的利益。套用「狗咬人」與「人咬狗」的比喻，《華盛頓郵報》等媒體的做法，就像是為了創造一個新聞，看到地上有一條狗覺得不順眼，就撲上去咬了一口。

因此，當我們維護自己利益時，不要因為涉及利益就不好意思，維護利益和維護正義並不矛盾。**如果你是正當的一方，那麼維護自己的利益，其實就是在維護正義。**

32／永遠不要爲了便利放棄自己的隱私

無論是今天或未來，我們將遇到的一個最大的問題，就是社群平台和一些網路公司，濫用自己的便利地位侵害個人的隱私，並且從中牟利。而這個問題恰恰是被大部分人所忽視的。隱私需不需要保護？絕大部分人的回答都是肯定的。但是在操作上，絕大部分人卻為了讓生活更加便利一點點，而主動放棄自己的隱私。

為什麼隱私很重要，需要保護呢？原因有很多，其中最重要的是以下五個方面。

第一，隱私權是人的基本權利，它關乎對人的基本尊重，也關乎每個人的人身安全，讓人能夠在社會上自由地生活。

談論隱私話題時，常常有人會說「不做虧心事，不怕鬼敲門」，意思是只要自己沒做壞事，被別人知道隱私也沒什麼關係。但中國還有一句俗話，叫「不怕賊偷，就怕賊惦記」。近年來我們看到的很多詐騙案件，起點都是個人隱私資訊的洩露。

如二〇一六年，一位清華大學教授被電話詐騙一千七百六十萬元，詐騙集團正是知道她剛賣了房子，有這麼多錢，才立即下手的。如果詐騙集團不知道她的資訊，那在茫茫人海中恰巧盯上她的機率是極低的。畢竟，最安全的地方，就是混在一群人之中，就如同我們的祖先混在叢林中，不讓自己被野獸發現一樣。因此，從某種程度上說，保護自己的隱私，就是不要讓自己在人群中被輕易地辨識出來，否則就容易成為他人侵害的目標。

我剛到美國時，當地的朋友告知我兩個注意事項。首先，個人資訊，特別是社會安全號碼（Social Security number）、生日和媽媽娘家的姓氏，一定不能隨便告訴別人。在西方，很多女性結婚後，會拿掉自己的姓氏改從夫姓，於是她娘家的姓氏就成了一種隱私。

其次，如果有人打電話給你，說他是某家銀行或者信用卡公司的人，要你確認某某資訊，請在電話裡什麼都不要講，和對方說自己會回撥，然後打電話給相關的銀行或者信用卡公司確認。這麼做是為了避免被電話詐騙套走個資。

在美國生活了一段時間後，我聽說有人會突然收到銀行或者信用卡公司的大額帳單，但他們並沒有申請過相應的資料。這其中就存在隱私的洩露，如在社群網路上不經意地暴露自己的社會安全號碼、駕照影本、住址資訊等，進而被有心人士利用進行詐騙。

隱私被洩露後，我們面臨的可能不僅是詐騙，還有人身攻擊。你可能看到過這樣的新聞，某個富豪的家被人盯上，他們因此被綁架勒索，甚至付出生命的代價。住址其實是非常重要的隱私資訊，一旦被洩露，人就會暴露在很大的風險中，受到傷害的機率也會大幅增加。

即便不會受到人身傷害，保護自己的隱私，也可以讓我們獲得更多尊重。人總是充滿好奇心的，而有時人們滿足自己好奇心的方式，是去打探他人的隱私。這是一種很無禮的做法，就像偷窺一樣，又像是在說「我關心我的利益，但我不在乎你的利益」。

現代社會的價值觀是平等和尊重，對他人的隱私過度好奇，是與現代社會的價值觀相衝突的。如果我們對自己的隱私都不在乎，可以隨意暴露給別人，就是對自己的不尊重，而不尊重自己的人，也很難得到別人的尊重。因此，一定要注意保護自己的隱私。像很多人會問我諸如「大選你投給誰」之類的問題，我一概不回答，因為這屬於我的隱私。

大家都希望擁有自由，而自由的一個重要標誌，就是對自己的生活，擁有自主權和控制權。如果不注意保護自己的隱私，就可能會導致別人在我們不知情的情況下，干涉、影響個人的生活，也就破壞了生活的自由。

第二，保護隱私是聲譽管理最重要的部分。

別人的評價難免會為生活掀起波瀾，譬如會影響我們得到某個機會、和朋友的友誼。一個人的公共聲譽，看似是客觀問題，但這其實是在許多他人的主觀評價中形成的。因此，我們必須具有一定的能力，來保護自己的聲譽，免受不公正的損害。保護聲譽不僅需要防止虛假資訊的散布，也要避免某些私人資訊被傳播到公共環境，以免引起他人的誤解。

大多數情況下，一個人的私生活都與他人無關，而去了解他人私生活的某些面向，很多時候並不會讓我們更理解他人，只會引發更多的誤解和偏見。這對他人是不公平的，對自己的聲譽管理，常常也是有害的。

有人可能會說，為什麼要那麼好面子呢？隱私被別人知道了，似乎也不會造成什麼物質損失啊。**其實，沒有隱私，失去的不僅僅是面子，還有裡子。**

我們一生中不可能不犯錯，但人也應該擁有改正錯誤、重新開始的機會，即在犯錯後重啟人生的權利。但是如果沒有了隱私，人就會喪失這種權利。於是，一個不大的錯誤會一直被人提起，永遠無法翻身。一個人在做錯事情，付出代價，受到懲罰，並且改正和補救了之後，還要永遠背負著過去的包袱，這對他來說是不公平的。

對社會來說也是很危險的，如果一個人知道所犯的錯誤，會永遠壓在自己身上，之後很難重新開始走回正途，那他可能就乾脆放棄，將給社會造成更大的危害。簡而言之，保護隱私就是保障一個人在犯錯後，可以回歸正常生活、繼續發展的權利。

即便是對沒有犯過錯的人來講，保護隱私所帶來的信任，也意味著實實在在的利益，而不僅僅是面子。

每個人都有很多職業關係、商業關係和社會關係，這些都依賴於對另一方的信任，而保護好隱私是建立信任關係的前提。例如，和身心科醫師談自己遭遇的痛苦，和律師談自己遇到的麻煩，和會計師談自己的經濟情況，對他們的信任，是我們願意提供準確資訊的前提。而他們只有獲得準確的資訊，才能更好地為我們服務。

當然，他們要保護我們的隱私，這是我們信任他們最基本的條件。如果他們違反保密規定，那不僅是違背了自己的職業操守，也破壞了彼此之間的信任關係。沒有信任關係，其他的業務關係和商業關係，也就不可能再存在了。

第三，保護隱私就是維持資訊上的社交距離，可以控制很多風險。

在現代社會中，人與人之間需要保持一定的社交距離，這個距離既是物理上的，也是資訊上的。中國有一句俗話，叫作「遠香近臭，遠親近仇」，也是在說和他人的關係並不是越近越好。

一個人朋友的數量總是有限的，我們一生中認識的人，絕大多數都只會停留在泛泛之交的層面。如果有具體事務上的合作關係，那保持恰當的距離，反而更有利於彼此相對客觀、就事論事地交往。

舉個例子，假設有一位女士人品、性格都很好，待人接物也非常友善，但她有一個隱私，就是多年前曾經和一名有婦之夫交往過。這件事和工作其實沒什麼關係，但知道了這件事，同事就不得不對她做出一種判斷，否則好像就喪失了自己的某種立場，但這樣接下來的同事關係，必然會受到影響。整體來說，隱私被暴露對這位女士當然很不利，對同事關係其實也沒什麼好處。

在生活中，我們要做的許多事情，如申請貸款、申請商業執照、找工作等，都和個人資訊及專業聲譽密切相關。在這些活動中，雙方的決定原本只需要基於相關資訊來進行，不應該受其他個人資訊影響。也就是說，很多隱私原本是與這些事情無關的，但一旦被他人知曉，就會受到影響到。因此，保持資訊上的社交距離，有利於保護自己，讓自己在從事社會工作活動時，不會受到不公平的對待。

找工作時，人們通常會在簡歷上，留下自己的聯繫方式，有人還會把住址寫上去。有一位女士，她的丈夫是一家大公司的高層，他們住在一個房價極高的富人區。這位女士找工作時，就在簡歷上留了自家的地址。結果在應徵時，對方 HR（Human Resource，人資）半開玩笑地問她：「你確定要找工作？」言外之意是，你找工作會不會只是因為閒著無聊，想找點事做，其實沒有職業發展的進取心？但照理說，判斷這位女士是否合格，應該是看她的專業能力，而非她的家庭條件。顯然，這項個人隱私的洩露，讓她在找工作時陷入被動。

我們都能體會到，人與人之間的物理距離太近，像在公車上緊緊擠在一起，會讓人覺得不舒服。同樣，資訊距離太近，也可能會讓人感到不舒適。保護隱私有助於減少在生活中遇到的社會摩擦，讓人在一個相對放鬆的環境中交往。保護好自己的隱私，就是維持資訊上的社交距離。

第四，保護隱私是保護思想和言論自由的關鍵。

每個人都可能有與主流觀點不一致的時候，如果不能發出不同的觀點，就只能成為主流觀點的服從者。而能夠安全發聲的前提，就是隱私受到保護，我們不會因為發出不同的聲音，而遭到攻擊或者報復。或許，有時需要用匿名的方式來表達意見，如職場中的工作評議、學校中學生對老師的評教評學等。這時，對隱私的保護，是我們能夠如實發表想法的前提。

美國早期的政治選舉中，很多地方的投票方式，是大家集中到市政廳舉手表決，這就讓少數派非常有壓力，選舉的公正性便會受到影響。因此到了後來，各種需要由大眾參與的評選和投票，都改用無記名的形式來進行了。這在今天已經是常識。

再如，到年底了，公司要蒐集基層員工對中層管理者的意見。在這個過程中，公司要保護好基層員工的隱私，否則他們就不敢說出真實的看法，公司也就了解不到真相。又或者是公司要評選優秀員工，或者決定某項人事任免，即便是要確認每一個評審者的身分，在將他們的意見傳遞給被評審人時，也都要進行匿名處理，因為只有這樣，他們才不會因為自己的選擇和意見遭到打擊報復。

第五，保護隱私就是維護獨立性。

說到隱私這個話題，總有人喜歡說「如果沒有見不得人的事，為什麼不能讓人知道呢？」這種說法很沒有道理。

很多時候，你做的事並非壞事，不能被簡單地加以評判。畢竟，所有事情都有其來龍去脈和背景緣由，而旁觀者也許有資訊上的局限性，也許有認知上的局限性，並不能真正理解我們的所作所為。

有人也許會說，你可以解釋啊。這種說法有兩個問題。首先，我們沒有義務向所有人解釋自己做的所有事。其次，解釋極為耗費時間和精力，如果把時間和精力都花在為自己辯解上，就難以做好其他事情了。

保護隱私，就是保護個人在為人處事上的獨立性。不必把時間浪費在不重要的解釋和自我辯護上，而應該專注於做好自己的事情。

33／有效識別霸凌，才能避免被霸凌

無論是孩子還是大人，都難免會遇到被霸凌的問題。霸凌問題廣泛存在於學校、職場，甚至是戀愛、家庭等親密關係中，讓大家頭疼不已。面對這種問題，顯然不能回避，也不能著急，而是需要掌握一整套應對的理論和方法。

為什麼我不直接談方法，而是要先說理論呢？因為能夠有效使用方法的前提，是了解霸凌是怎麼回事。也就是俗話說的「知己知彼，百戰不殆」。如果連霸凌是怎麼回事都不了解，那即便知道一些好的應對方法，我們也不理解為什麼要那麼做，執行起來必然會打折扣。

本節講述的內容，主要來自心理學家和職場管理教練。在一個正規的單位，如大公司、政府部門以及大學等，遇到職場人際關係問題時，不能簡單地憑經驗處理，而要依照一定的規範和流程按部就班地處理。例如，你是有幾名下屬的主管或者帶著幾名學生的老師，你需要幫他們在待人接物方面獲得成長，讓他們能夠自己解決矛盾，那你教給他們的，就應該是一套規範的方法，而不僅僅是個人的經驗。

採用規範的處理方法，第一步是對製造問題的人進行鑑別。下面來看一個生活中的常見場景。

小楊一個月前向你借了一萬塊錢，說好半個月就還，但兩個月過去了，中間你也暗示過他，但他還是沒有還。等到你很嚴肅地向他追債時，他說「哎呀，最近忙忘了，回頭就給你」，或者說「哎呀，最近真的手頭有點緊，再寬限一周，下周一定給你」。這類事情，小楊做了不只一次。那麼，你覺得他可能是屬於下面哪種情況呢？

第一種情況是，小楊就是常常隨隨便便，把事情給忘了。他是真的想還，但就是記性不好，或者他最近真的手頭有點緊。

第二種情況是，小楊品行不好，自私，或者貪小便宜。

第三種情況則是，小楊心理上有問題。

一些好心的人，可能會覺得小楊屬於第一種情況，但如果排除了他確實記性不好的可能性，很多人就會覺得他屬於第一種情況。但身心科醫師和職場管理教練會告訴你，小楊大概屬於第三種情況，即他的表現可能與一種心理缺陷有關。有這種心理缺陷的人，往往為人強勢霸道，具體來說，包括以自我為中心，為人自私；非常自大，覺得自己什麼都是對的，並且總是試圖控制別人；做任何事情，都只從自己的利益出發，只考慮對自己有什麼好處，從不考慮他人的利益。

世界上有心理缺陷的人，遠比大家想像得多。據統計，美國百分之四十五的人看過身心科，而美國身心科醫師註冊的數量，是外科醫師的五倍，前者有十萬人，後者只有兩萬人。在全世界範圍內，東亞人相對不喜歡看身心科，這不是因為他們心理更健康，而是因為他們遇到問題，不好意思看醫生。而且，很多心理不健康的人，並不知道自己有問題。

像小楊這種情況，如果排除了他確實記性不好，或者手頭比較緊的可能性，就基本可以肯定他在這件事上，完全沒有考慮你的利益，從頭到尾都是從怎麼做對自己有利出發的，特別是當他不是第一次這麼做時。如果在你嚴肅地要求還錢後，他還用謊言推託，幾乎就可以肯定他心理有缺陷。這時，如果你戳破他的謊言，比如說「不對啊，我見你剛換了個新手機」，他可能會有三種反應。

第一，反過來指責你有問題。他可能會說：「我兩年也就只換這一個手機，你又不缺這一萬塊錢，真是太小氣了。」要注意，這時一定不要被他牽連進去。如果他真的這樣說了，那你要明白你在這件事上是沒有問題的，有問題的是他。

第二，回避你的要求，透過轉移話題來蒙混過關。當你認真和他講道理，跟他說「欠債還錢天經地義，和我缺不缺錢沒有關係」時，他卻說「我就是開個玩笑，你何必那麼在意呢！」

第三，裝可憐。他可能會對你說：「我也沒有別的朋友了，不然就算是跟別人借錢，我也會先把你的錢還上的，可是我就只有你這一個朋友了。」這時，你也要留意，他可能是用裝可憐的方式來操縱你。而如果對方有操縱你的意圖，這就已經算得上是一種霸凌了。

我舉這個例子，並不是想說所有欠錢不還的人，就一定有心理缺陷，而是想藉這個場景，和你分析這類心理缺陷，會如何表現在人的外在行為中。實際上，在別的場景中，這些表現也可能會以不同的形式出現。

如果你留心觀察生活細節，不難發現相關的跡象。如有人對職級比自己低的人，只會用命令的口吻說話；外出時，他們對服務人員態度惡劣，常常吆三喝四、毫無尊重。對於這類人，如果你是他們的上級，反而不容易發現問題，因為他們霸凌的對象，往往是他們認為自己能夠操控的人。

整體來說，如果你遇到這樣的人——做事的出發點只有自己的利益，總是堅信自己的做事方式絕對是正確的，對他人有很強的操縱欲，那就很可能有這種心理缺陷。

為什麼說上述問題是一種心理缺陷，而不是品德問題呢？兩者的區別又是什麼？有的人傷害他人時，知道自己在傷害別人，甚至會以別人的痛苦為樂，這種就屬於品德問題。心理缺陷則不同，有這種心理缺陷的人，其實是缺乏認知他人感受的能力，同理心和同情心非常弱。你覺得他對你不好，但他可能根本沒有意識到這一點，因為他感受不到你受到了傷害，也就不覺得自己有錯。如果你向他提出意見，他就會覺得，我明明沒有問題啊，有問題的人應該是你吧？

如果你有這樣的朋友，很可能會在和對方的交往中陷入困惑——明明我對他挺好的，他怎麼這麼不夠意思呢？其實這是陷入了一個迷思，即認為對方的人格和想法與你是一致的，你明白的東西他應該也明白，但實際上未必如此。

文學作品中，有很多這一類的人物形象。如《三國演義》裡，呂伯奢收留逃亡的曹操，曹操卻殺了他一家八口。在小說中，曹操給出的理由是，他聽到磨刀聲，害怕對方要殺他，是為了求生才先下手為強的。再看《三國演義》中曹操做的其他一些事，如殺了呂布卻留下劉備，晚年時逼死老搭檔荀彧等，其實都是從自己的利益出發。

有些人覺得曹操寫的詩，不像個大奸大惡之人啊，那怎麼解釋他做過的那些事呢？如果從心理缺陷這個角度去考慮，可能就說得通了：曹操並不覺得自己是壞人，只是他缺乏感知他人感受的能力，過度地以自我為中心，所以有時候他是作惡而不自知。

當然，你可能會覺得曹操在《三國演義》中本來就是個奸雄形象，既然是奸雄，做很多壞事也是自然而然的了。但是在生活中，即便是那些平時看起來老老實實、心地還不錯的人，也可能會在一些問題上，「壞到」讓人憎惡的地步。

有部電視劇《愛的釐米》，劇中女主角的父親，就是一位有嚴重心理缺陷的人。從表面上看，他只是重男輕女，對那個不成器的兒子特別「好」，對照顧他的女兒、女婿則極盡剝削和壓榨。他絲毫沒有感到自己有什麼不對，還總有自己覺得很正當的理由。很多人都覺得這個父親太「壞」了，還因此不看了。但實際上，他並非大奸大惡之人，不能用「壞」來解釋，只是有心理疾病，而這種疾病的表現，就是完全無法體會別人的感受。

但凡是正常的人，都懂得趨利避害，如果受益了，即便很自私，也能夠體會到；同樣，如果受害了，事後也能明白。但是有些人真的體會不出來，這是由心理和人格上的缺陷造成的。對於這些人，不能簡單地用正常人的標準來要求他們，更不能直接把他們納入「壞人」的行列。

在職場和學校，想要避免自己陷入被霸凌的境地，首先要清楚上述人的存在，而且要認知這類人的數量，可能還不算太少。我們必須清楚地認識到，世界上每個人的心理和人格都是不同的，絕對不能因為自己的心理和人格很正常，就想當然耳認為其他人也都是正常的。

保持警覺

接下來，就要對這類有心理缺陷的人保持警覺。識別這些人並不難，只要學一點心理學知識，大部分人都能做到。如果你在職場上擔任管理工作，心理學的通識課應該是必須學習的。心理學常識會有助於你處理複雜的人際關係。

特別值得指出的是，即使是在親密關係中，也要意識到有這類人的存在。一個人不會因為是你的親人或者戀人，就從不正常變成正常。事實上，即便是你的父母，也未必和你相同。有時候，你會和父母發生矛盾，覺得很委屈，也覺得父母並非心存惡意，但他們就是會做出一些讓你無法理解的事。這可能就是因為你們不一樣。了解這一點，可以避免自己過度陷入情感和精神上的折磨。關於這方面的具體內容，我會在下一節詳細討論。

霸凌的範圍其實比我們想像的大，並不只包括動手傷人，很多霸凌行為是精神型或者關聯式的。如果有人經常用言語傷害你，刻意貶低你，在背後說你壞話，或者對你施加冷暴力，那就屬於霸凌。

例如在職場上，有同事在任何場合都拒不合作，還把你的工作成果據為己有；在學校裡，幾個孩子號召一群人孤立某個孩子；在親密關係中，一方對另一方索求無度，試圖在精神上控制對方；在家庭生活中，父母強制要求孩子服從自己……這些都屬於霸凌行為，因為都出現了一方只考慮自己的利益，並且試圖控制和操縱他人的現象。

如果遇到這種情況，你要意識到這並非正常的關係，應當拒絕、防範和制止。在接下來的兩節裡，我會來談一談在不同的關係中，具體該如何防範和制止霸凌。

34／如何應對親密關係中的霸凌

相比職場和學校中的霸凌，親密關係中的霸凌既不容易被察覺，也不容易處理，因此我們先從如何應對這方面的霸凌談起。

在親密關係中，最嚴重的霸凌行為有兩種：一種是精神虐待，另一種是家庭暴力。當然，發展到這個程度，已經不是一般意義上的霸凌，嚴重的其實已經構成犯罪了。

二〇一九年，有位大學生林翰，在精神上虐待女友包麗（兩者皆為化名），導致其自殺。事情的大致經過是這樣的。林翰和包麗是一對戀人，且都是好學生。男生在學業和社團工作上表現突出，對女生具有吸引力。據包麗的母親透露，兩人戀愛期間，林翰嫌棄包麗有過戀愛經歷、不是處女，又不想和她分手，卻以這些理由來折磨她。

據新聞報導，包麗自殺前，林翰曾向她提出過拍裸照、先懷孕再流產並留下病歷單、做絕育手術等令人髮指的要求，最終導致了包麗自殺。之後，牟林翰已於二〇一九年六月十日被逮捕，涉嫌罪名是「虐待罪」。

提及此起新聞事件，不是要讓你做「吃瓜群眾」，而是要藉這個極端案例，來分析一下親密關係中的霸凌有什麼特徵，平日要如何警惕和預防。

林翰顯然有心理和人格上的缺陷。他家境不錯，從小到大一路都走得很順利，可能是這種經歷，讓他養成了不講道理、只講「我要」的毛病。但這還不是主要問題，他最大的麻煩是有典型的霸凌者心理，前面列舉的那些心理缺陷特徵，在他身上都表現得很明顯。如以自我為中心、極度自私、自大自負，尤其是覺得自己什麼都是對的，並試圖用各種手段控制別人。

悲劇發生後，林翰一直沒有向女方家屬道歉。很多人罵他渣男，但從事情的經過可以發現，這並不是普通的情感不專一或者道德問題。他的極端行為已經顯示出，他根本沒有能力認知到他人的感受，即使這個人是自己的女友。這是一種心理上的病態，而且病得不輕。就像有人患了生理疾病後，無法嘗出味道一樣，不是簡單的道德問題。

如何察覺恐怖情人

不難發現，雖然林翰在過去的成長和家庭環境中，被培養成一個考試成績不錯、所謂的「好學生」，但同時也成了一個病人，而且病得很重。最終，這種心理缺陷，在他與他人的親密關係中爆發出來——即使是在戀愛中，他也只考慮自己的利益，不斷試圖控制他人，最終釀成悲劇。

雖然林翰這樣的情況不多見，但在戀愛中喜歡控制對方的人卻不少。生活中經常看到有的男生在追女生時非常起勁，追到手後就對女生提出各種要求，像是不允許女生和其他男生交往，甚至連話都不能說。如果女生受不了，提出分手，男生又會死皮賴臉地纏上來，甚至會下跪、發毒誓，以求女生回心轉意。

這是非常典型的霸凌者做法。其實，無論他們是強勢霸道還是示弱裝可憐，目的都是要把對方找回來，然後繼續操控對方。他們說出道歉後悔的話，不是體會到自己的行為會讓對方多麼難受，而是覺得失去對方後自己會有損失，他們不喜歡那樣的損失。

他們的道歉，本質上還是以自我為中心。很多受害者不懂心理學，也沒有社會經驗，看到霸凌者道歉，就以為他們會真心悔改，結果就是一次又一次地上當，越陷越深。

那些有霸凌傾向的人，雖然完全不尊重他人的利益，但卻對自己的利益看得很清楚。因此，他們常常會透過承諾的方式，來達到自己的目的。前面那個案例中，一開始包麗並沒有同意林翰的無理要求，但男生許諾將來會娶她，她就答應了。這就是著魔了，最後越陷越深。當然，從心理學的角度講，包麗也有一定的心理缺陷，但逝者已矣，釀成悲劇的主要責任者仍然是林翰，且這裡的重點，是分析如何識別和防範霸凌者，所以對她的情況就不多言。

霸凌者的特徵

對於這樣的恐怖情人兼霸凌者，要如何應對呢？身心科醫師的建議其實就是一句話——**一定要建立嚴格的界限**。倘若被這樣的人追求，你要非常清晰且明確地拒絕他。不管他如何深情款款或者可憐示弱，如向你訴說心事，對你打很長時間的電話等，一概不要理會。拒絕他的時候，不要用「我現在沒時間」這種委婉的推託之詞，而要直截了當地說「我對你沒有興趣」這種斷然拒絕的話。

清晰明確的拒絕，是身心科醫師非常強調的一點。因為這類人無法體會別人的感受，而你的委婉拒絕很可能會給他們鑽漏洞的機會，讓他們利用你的不好意思或者同情心，來要求和你交朋友，或者向你提出其他要求。得逞之後，他們也不會認為這是因為你很善良，只會覺得自己很了不起，並引以為傲。

在日常生活中經常會看到此類吐槽，說男友或者女友對自己管得特別多，出門該穿什麼衣服、探望老人該買什麼禮物、見到朋友該怎麼說話、平時該怎麼生活，事無巨細都要管。如果一方不願意這樣做，另一方還是堅持要管，那這很可能是親密關係中霸凌的初級階段了。如果你之前沒有留意這些地方，已經在和這樣的人交往了，那你可能要再好好考慮考慮，是否要繼續這段關係。

在界限這個問題上，霸凌者往往還有一個特徵——**他們不尊重別人的界限，卻對自己的界限守得很嚴**。他們會隨意侵犯你的隱私、翻看你的手機，卻絕對不允許你看他們的手機、干涉他們的生活。實際上，這已經打破了親密關係中最基本的原則，即對等原則。

為什麼霸凌者會這麼做呢？一方面是因為他們本身有很強的控制慾。另一方面，這種全方位的干涉，常常會打破別人的自信心乃至自尊心，讓他們建立起優勢地位。慢慢地，他們就會讓對方覺得自己怎麼做都不對，進而逐漸失去主見，更容易被操縱。

在林翰和包麗的例子中，很多人不理解為什麼包麗不離開林翰。其實，這是因為在長久的精神虐待中，包麗的自信心已經被打破了，無法只依靠自己來擺脫被操縱的境地。而且在這種霸凌關係中，受害方越是被傷害，越是處於弱勢，有時反而越難以離開霸凌者。

絕大部分霸凌者，都非常擅長發現對方的弱點、缺陷、把柄和缺乏安全感的地方。人天生多少都會有些不安全感，而當霸凌者發現並且利用了這一點後，受害者越是受傷無力，就越會覺得好像離開霸凌者，自己就無法生活了。霸凌者會進一步利用這一點，讓受害者不斷討好、取悅自己。林翰顯然就是利用包麗的弱點、軟肋和依賴心理操控了對方；包麗作為被操控的一方，則一直想盡辦法討好林翰，希望以此換取安全感。

對於這種情況，身心科醫師的建議是，**不要把霸凌者當作唯一的安全感來源，可以向外求助，在其他地方尋找安全感**。以包麗為例，她也身在大學，周圍能夠給予她幫助和支持的人其實非常多。當識別出林翰是霸凌者之後，就應該遠離他，從其他地方尋找支持。

如何應對親人的霸凌

在親密關係中可以選擇離開，但在親屬關係和婚姻關係中，離開就是一個比較難的選項了，因為霸凌者可能是你的親人或者配偶。這時，就要想別的方法來解決問題。

親屬關係和婚姻中的霸凌行為，最容易識別的特徵之一，還是越界和操控。如婆婆給了媳婦一件老式毛衣，媳婦覺得沒有場合能穿，就把它收起來了。結果丈夫說，媽給你的毛衣你為什麼不穿？這句話其實就有越界和操控的傾向。再如，今天參加派對穿什麼衣服，明天上班穿什麼衣服，這都是我自己的事情。伴侶可以提建議，但如果用控制或者貶低的方式來干涉，顯然就是越界了。

遇到這種情況，就要向對方簡明清晰地說清楚自己的權利和邊界。其實在這種情況下，丈夫也需要和母親溝通，媳婦穿什麼是她自己的事情。作為晚輩，也要和長輩說明，我和配偶如何相處，是我們這個小家庭的事情，我們夫妻自己會處理好。

這裡還有一個溝通上的小技巧。既然知道那些控制欲強的人，往往感知不到他人的利益，只重視自己的利益，那在和這類人溝通時，就可以利用這一點。比如，你不想穿這件衣服，可以和他們說，我穿那件名牌衣服，你也更有面子呀。這樣溝通效果可能就會更好。

要改變一個人是很難的，因此，永遠不要試圖改變對方。在戀愛關係中，需及早識別出那些不適合交往的人，堅決擺脫他們。而在天然形成的親屬關係上，對於霸凌行為，要明確劃清界限，用有技巧的溝通來保護自己，維護自己的利益和生活的邊界。

當然，在費盡心思處理被親屬操控甚至霸凌的事情之前，最好也想一想，是否有必要和那些親屬走得很近。那些原本以為不可或缺的親屬關係，早就不是很重要了。大部分時候，距離產生美感，遠一點的親屬關係，反而會讓人更舒服。

如何應對職場關係中的霸凌

我把職場和學校裡的霸凌歸為同一類問題，因為它們都不太涉及個人生活，主要是會影響個人的工作和學習。當然，嚴重的情況下，還可能會影響到未來的職業發展，甚至造成永久性的心理傷害。下面先來看看兩類職場霸凌的例子。

第一個例子，是二〇二〇年八月爆出一家銀行的新聞。在一次單位組織的聚會上，一位新員工因為拒絕喝主管敬的酒而被打耳光。這件事被曝光後，在社會上引起了極大的回響。銀行業協會也表態，聲明將加強行業自律，注重行為管理；對於行為惡劣、對行業造成重大損失和負面影響的從業人員，將考慮納入行業禁入黑名單。當然，動手屬於比較極端的情況，職場中更為常見的霸凌，是下面這個例子中的情形。

老李是在公司工作年資比較久的工程師，能力不錯，但控制欲特別強，不僅對各種項目都要發表意見，還一定要讓大家接受他的想法。即便是不該他管的業務，他也要橫挑鼻子豎挑眼。實際上，老李的思路未必比其他人的更好，但他就是希望大家都按照他的想法來。同事們被他煩到不行了，最後常常就接受他的做法。時間長了，大家都怕他了。從表面上看，老李只是一個不討人喜歡的同事，但實際上，他的做法已經屬於職場霸凌了。

如何面對職場霸凌

而面對霸凌者，該怎麼辦呢？下面還是以霸凌者的心理為切入點來分析。

和霸凌者起衝突，很容易讓事情變得一發不可收拾，使矛盾不斷激化，因為為了維護自我形象，霸凌者往往有一種「必須要贏」的信念。工作中有分歧，正常的做法是就事論事、解決問題，但對霸凌者來說不是這樣的，因為他們成就感的獲得不在於業績，而在於對他人的操控。你和他起衝突，在他看來就是你在挑戰他的自我。

在霸凌者心中，能夠在多大程度上操控同事，就意味著他有多大的本事和影響力，儘管這可能只是他腦中的幻想。同事的退讓，只會讓他越發覺得自己了不起，越發自我膨脹，感覺自己的形象很高大。他要是贏不了你，就會毀了他幻想中的自我形象，而這對他來說，就像天塌了一樣。

因此，為了達到自己的目的，在和你發生衝突時，霸凌者寧可和你同歸於盡，也不會讓你占上風。在他們的詞典裡，沒有「雙贏」這個詞。有時候他們甚至更在意能讓你損失多少，而不是自己能獲得多少，因為讓你受損，才更能證明他們對同事有強大的影響力。

在別人看來，這種人就是損人不利己，簡直沒有良心，也沒有道德。其實，更主要的原因，是他們以自我為中心，從不考慮他人的感受和利益。而一般人在面對這樣的霸凌者時，往往會高估他們的實力，低估他們的決心，這也就是很多人在霸凌者面前退縮的重要因素。

認識到這些深層原因，之後應該怎麼做呢？接下來分享進行管理培訓的心理專家們的建議。不過，還要提醒一點，只有在確定對方是霸凌者時，才能使用這些做法，對一般的同事、朋友不能使用。

第一，不要害怕霸凌者，不要回避和他們的衝突，要找到適當的時機打敗他們。

霸凌者往往都會自我膨脹，但這種幻想出來的自負其實很空虛，只要打破這一點，讓他們知道繼續實施霸凌行為，會導致自己被大家拋棄，他們就會有所收斂了。

很多人覺得打敗霸凌者並不容易，這是一種誤解。因為隨著霸凌者越來越自大，挑戰他們的其實不只是你一個人，可能是一群人，甚至可能是一些比他們更強大的力量。找到同盟軍，找到一個切入點，你就完全可以正面對抗霸凌者。如前面提到被主管打耳光的那個員工，他的職級是比較低，但那個主管忽略了一個事實——社會的輿論比他更有力量。

那些看似只能被他灌酒欺負的新員工，其實有能力把他的做法曝光出來，讓他得到教訓。

職場中的霸凌者，通常有個錯誤的認知，認為只有壓制住別人，才能得到自己想要的。他們不懂得透過合作能得到更多，或者不相信自己不靠壓制他人也能做得很好。也就是說，他們有一種貌似強勢、實則自卑的心理。像有的老闆覺得必須辱罵員工，才能鎮得住他們，這就是心虛的表現。這樣的自信心就像吹起來的氣球，看似強盛，內裡卻很空虛。了解到這一點，你就不要在信心和氣勢上輸給他們。

第二，和霸凌者說話時態度要堅定。

和霸凌者說話時，眼睛要直視他們，不要躲避他們的目光，顯得自己很怯弱；說話的語氣要堅定、自信，不要含糊，不要說「能不能這樣」之類的話。畢竟這不是一次普通的聊天，而是一個挑戰，你要有上戰場的準備。

前面說過，霸凌者缺乏理解他人的能力，如果和他們商量、解釋，就在氣勢上矮了一截，還給了他們胡攪蠻纏或者轉移話題的機會。要注意，一定不要任由他們把話題扯遠，被他們牽著鼻子走，否則他們又得逞了。當然，你也要事先做好準備工作，才能在氣勢上壓倒對方。

第三，應對霸凌者時要就事論事，不要揭對方的短處、進行人身攻擊，也不要歧視或者輕視他。

千萬不要說「你就是有人格缺陷」、「你不就是早來公司兩年嗎？有什麼了不起的？」之類的話，因為這樣只會激怒對方，不能解決問題。你的堅定來自你的就事論事、公正處世和堅持原則，而不來自用霸凌者的方式對待霸凌者。

第四，在日常工作中，要注意和霸凌者劃清邊界。

很多霸凌者的習慣，都是在日常工作的一點一滴中養成的。例如，有的霸凌者會把主管安排給他的工作扔給別人，表面上說請人幫忙，但只要別人拒絕，他就會惡語相向，甚至給人穿小鞋。面對這種情況，你一定要劃清邊界。

拒絕的時候，不要說「我現在很忙，有空再幫你」這樣模棱兩可的話，你的委婉只會給他鑽漏洞的機會。他可能會說「那等你忙完再幫我」，或者乾脆就要賴直接占用你的工作時間。如果他真的認為主管安排給他的工作不合適，那你也可以陪他一起去找主管，但一定不要順從他的要求，替他完成工作。

還有一種比較隱蔽的職場霸凌，就是偷換概念，給明明是越界的事情，套上一些冠冕堂皇的理由，甚至說這麼做是為了你好。我在國內工作時，單位有些人打著我們部門的名義在外面談合作。我找到他們時，他們就說，這也是公司該做的。你們部門目前沒有力量做，所以我們先做起來。等你們有了力量，想接手的話，案子直接交給你們就行。

其實，他們這就是偷換了概念。公司該做，而我們沒有力量做，不等於你就可以打著我們的名義去做。本質上這還是一種越界行為，不考慮他人的利益，只是為了謀取自己的利益。對於這種情況，你要能夠識別出對方邏輯上的破綻，明確你們之間的邊界。

要判斷對方究竟是好心還是想占便宜，有一個原則，就是看是否對等。你部門的業務，他要跑來幫忙，然後分一杯羹，或者以合作的名義，要求你投入資源支持他；但是，他自己部門的事情，卻絕對不讓你染指。這就不是真正的合作態度。

第五，如果在工作中不得不與霸凌者合作，就要有技巧地溝通。

既然知道霸凌者只會從自己的利益出發，那我們就利用這一點來和他們溝通，引說他們做出正確的決定。像有的老闆會強制員工加班，你身為員工要怎麼辦呢？跟他講家裡有困難是沒有用的，因為他會和你說想在職場發展，就要做到工作第一，而你也不能正面反駁這種說法。

我有一個朋友就遇到過這個問題。她是個主持人，老闆要她一天錄三檔節目，這使她十分疲憊，而且失去自己正常的私人生活時間。找老闆談，老闆就說工作第一。她問我怎麼辦，我就請她和老闆說：一天錄三檔節目，到第三檔時，錄製的效果會很差，影響收視率。她這樣去溝通，老闆果然同意減少她的工作量。

上面說的這些方法，同樣可以運用在處理學校霸凌的問題上。不過，這裡就不再一條一條地對應來講了。

職場和校園中的霸凌問題，難以透過簡單地離開霸凌者來解決，所以你需要有耐心，在日常生活的細節中漸進式地處理，改變和霸凌者的關係。另外，無論是在工作中還是在學校裡，都要提高自己的核心能力。霸凌者在職場上通常都走不遠。所以，只要不斷提高自己的能力，你就會拉開和那些霸凌者的差距。慢慢地，他們也就無法影響你了。

本章重點總覽

- 如果你是正當的一方，那麼維護自己的利益，其實就是在維護正義。
- 保護隱私就是維持資訊上的社交距離，可以控制許多風險。
- 不必把時間浪費在不重要的解釋和自我辯護上，應該專注於做好自己的事情。
- 不要把霸凌者當成唯一的安全感來源，可以向外求助。
- 改變一個人是很難的，所以，不要試圖改變霸凌者。

後記

在《我們怎樣思維．經驗與教育》一書中，美國教育家杜威（John Dewey）是這樣描述知識和智慧的差異：「知識與智慧的區別，是多年來存在的老問題，然而還需要不斷地重新提出來。知識僅僅是已經獲得並儲存起來的學問；而智慧則是運用學問，去指導改善生活的各種能力。」可見，一個人想要改變自己的生存狀態、越過越好，需要的是智慧。

知識是一種客觀存在，它們在智慧形成之前就已經存在了，包括科學家、思想家和哲學家在內的知識創造者，其實都是在不斷發現已經存在的知識。知識一旦被發現，就不會消失；只要掌握正確的方法，任何人都能學到。

但是，智慧則不同，它們有相當的主觀特性，會隨著人的離去而消失。一家企業，可能會因為睿智的管理者離開而一蹶不振，雖然它擁有的知識一點也沒有變少。同理，前人總結的智慧，後人可能學不到，以至於後人可能永遠無法達到前人的高度。例如，我們經常會看到虎父犬子的情況，這就是因為兒子雖然受教育的條件比父親更好，卻完全沒有父親的智慧。

從很大程度上來說，只有靠頭腦的悟性和親力親為地嘗試，一個人才能領悟智慧。遺憾的是，學校裡並不教授提高智慧的方法。於是，幾乎每個人走出學校後，都要從頭來一遍，把大量時間花在試錯上。

在走出學校、開始自己的職業生涯時，我也走了很多冤枉路，之後才慢慢理解一些人生道理，體會出一點點智慧。有些道理，其實每個人都需要懂，因此我覺得有必要寫下來，以免年輕人再重蹈我的覆轍。在「得到」App的專欄《矽谷來信3》中，我分享了這些看似簡單、卻又非常重要的道理，它們可以說是我們需要具備的最基本智慧。

在這一季專欄結束後，我在「得到」團隊的幫助下，將與元智慧有關的內容，系統地做了整理和補充，寫成了這本書，希望能幫廣大讀者更加全面、有效地掌握生活和工作中，所需具備的最基本智慧。

在《矽谷來信3》的創作過程中，「得到」創始人羅振宇、CEO脫不花、內容品控負責人之一的李倩、課程編輯陳珏和楊露珠，都做了大量的工作。從內容策劃到編輯校對，他們給了我很多幫助。「得到」的其他專欄作家，如劉潤老師、陳海賢老師、賈行家老師、諸葛越老師、施展老師、卓克老師和王太平老師，對我本人和這個專欄給予了巨大的幫助和支持。

至今，三季《矽谷來信》專欄累計有近四十萬人次訂閱。很多訂閱者經常來這個專欄的文章下留言，給了我非常有價值的回饋。最後，我也要感謝我的家人，對我開設《矽谷來信》專欄和創作這本書的支持。作為我的第一批讀者，她們給予我很多回饋和建議。

《矽谷來信》專欄和這本書，是從我個人的視角，來解讀各種問題和現象，因此難免存在很多局限和不足之處。對於很多問題的看法，本書也只是拋磚引玉，希望讀者朋友斧正，更希望大家發表自己的見解。

富能量 061

元智慧

人生沒有捷徑，但有方法讓你少走彎路

百萬暢銷作者吳軍的人生啟迪重磅新作

作　　者：吳　軍
責任編輯：林麗文
協力校對：羅煥耿、田炎欣
封面設計：別境 Lab
繁體版封面完稿：王氏研創藝術有限公司
內文排版：王氏研創藝術有限公司

總 編 輯：林麗文
副 總 編：梁淑玲、黃佳燕
主　　編：高佩琳、賴秉薇、蕭歆儀
行銷總監：祝子慧
行銷企畫：林彥伶、朱妍靜

出　　版：幸福文化出版／
　　　　　遠足文化事業股份有限公司
地　　址：231 新北市新店區民權路
　　　　　108-3 號 8 樓
網　　址：https://www.facebook.com
　　　　　happinessbookrep/
電　　話：(02) 2218-1417
傳　　真：(02) 2218-8057

發　　行：遠足文化事業股份有限公司
　　　　　(讀書共和國出版集團)
地　　址：231 新北市新店區民權路
　　　　　108-2 號 9 樓
電　　話：(02) 2218-1417
傳　　真：(02) 2218-8057
電　　郵：service@bookrep.com.tw
郵撥帳號：19504465
客服電話：0800-221-029
網　　址：www.bookrep.com.tw

法律顧問：華洋法律事務所　蘇文生律師
印　　刷：呈靖印刷
初版一刷：2023 年 9 月
定　　價：400 元

國家圖書館出版品預行編目 (CIP) 資料

元智慧 / 吳軍著 . -- 初版 . -- 新北市 : 幸福文化出版社出版 : 遠足文化事業股份有限公司發行 , 2023.09
　面；　公分
ISBN 978-626-7184-79-0(平裝)
1.CST: 人生哲學 2.CST: 成功法
191.9　　　　111022364